本書の特色と使い方

この本は，国語の読解問題を集中的に学習できる画期的な問題集です。苦手な人も，さらに力をのばしたい人も，1日1単元ずつ学習すれば30日間でマスターできます。

① ジャンル別トレーニングで読解力を強化する

物語，説明文などのジャンル別問題に取り組みます。実際の入試問題を中心とするハイレベルな問題で，確かな実力が身につきます。

② 反復トレーニングで確実に力をつける

数単元ごとに習熟《しゅうじゅく》度《ど》確認《かくにん》のための**「まとめテスト」**を設けています。解けない問題があれば，前の単元にもどって復習しましょう。

③ 自分のレベルに合った学習が可能な進級式

学年とは別の級別構成（12級～1級）になっています。**「中学入試模擬テスト」**で実力を判定し，難しいと感じた人は前の級にもどって復習しましょう。

④ 巻末《かんまつ》の「解答」で解き方をくわしく解説

問題を解き終わったら，巻末の**「解答」**で答え合わせをしましょう。**「考え方」**で，特に重要なことがらは**「チェックポイント」**にまとめてあるので，十分に理解しながら学習を進めることができます。

読解力 1級

本書に関する最新情報は，当社ホームページにある本書の「サポート情報」をご覧ください。（開設していない場合もございます。）

1 次の文章を読んで、あとの問いに答えなさい。

小学六年生の「僕《ぼく》(たっちゃん)」と「ぶんちゃん」は、同級生たちとバスで川遊びに向かっている。バスの中で海の色をしたビー玉を拾ったぶんちゃんは、二学期から転校すると言い出した。

窓《まど》の外の風景は、夏の陽光をいっぱいに浴びて、まぶしいくらいに輝《かがや》く緑色だった。こんなにキラキラした世界のなかを走っているのに、僕は呼吸《こきゅう》の仕方を忘《わす》れてしまったみたいに、ひとりでもがいていた。いや、僕ひとりじゃない。ぶんちゃんも、僕以上に苦しいのだろう、きっと。

「二学期っていったら、もう、すぐだけど」

「うん」

なんでもっと早くいってくれなかったんだよ——喉元《のどもと》まで出かかった ① をぐっとこらえたら、それは肺《はい》のなかで濃密《のうみつ》なため息に変わって、透明《とうめい》なまま車内に吐《は》き出された。

②わかってるよ——。

ぶんちゃんは、いいたくても、いえなかったんだ。だから、このところずっと凹《へこ》んでいたんだ。だから、最近ちょっと痩《や》せてしまったんだ。

そして、このことを告白するために、あえてみんなと離《はな》れたいちばん後ろのベンチシートに僕を誘《さそ》ったんだ。

「みんなは、まだ知らないの?」

僕なりに、優《やさ》しい声を出してみた。

「たっちゃんがいちばんに決まってるだろ」

気持ちはうれしかったけれど、でも、その何万倍も悲しかったから、僕は素直《すなお》に「ありがとう」とはいえなくて、ただ「そっか」と ③ をつぶやいてしまった。

ぶんちゃんは、ビー玉をもういちど手のひらに置いて、まじまじと眺《なが》めた。

「はぁ。海の色、か……」

小声でつぶやく。

凛《りん》。

また、ビー玉が光った気がした。

すると、ぶんちゃんの表情に、ふっと決意のようなものが浮《う》かんだように見えた。

「なあたっちゃん。柏崎《かしわざき》には海があるんだ。海岸に宝石《ほうせき》はないかも知れないけど、オレが引っ越《こ》したら、遊びにこいよ」

「うん……」

やっぱり、引っ越しちゃうんだ。

④今度は僕がうつむく番だった。

「ずっと、いえなくて、ごめんな」

「いいよ、そんなこと」

また、しばらくのあいだ会話が途切《とぎ》れた。

⑤窓の外から勢いよく流れ込《こ》んでくる夏の風におでこをあててみたら、すごく心地《ここち》よくて、でもなぜかその分だけ淋《さび》しい気持ちにもなった。

僕は、 ⑥ を探《さが》していた。でも、気持ちがまだぐちゃぐちゃで、どうにも整理がつかないでいた。

すると、ぶんちゃんは、いきなり僕の手からチョコの箱を奪《うば》うと、勝手にひと粒《つぶ》とりだしてパクリと食べた。そして、⑦笑おうとしたけれど失

➡解答は65ページ

月　日

敗してしまったみたいな、へんてこで哀《かな》しい顔をした。

「今日は、本当に、最後の思い出になっちゃうから……」

その声にビクッとした僕は、まっすぐにぶんちゃんを見た。

ぶんちゃんは、チョコを口に入れたまま、泣いていた。

下唇《したくちびる》をぐっと突《つ》き出して、昔のまんまの泣き顔で。保育園のころから、少しも変わらない泣き顔で、泣いていたのだ。

「最後だから……、たっちゃんと……、おもいっきりバカなことして遊びたいんだ」

ぶんちゃんは、そんなことをいって、今度は急に「あはは」と淋しげに笑いながらポロポロと涙《なみだ》をこぼした。

なんだよ、その泣き笑い――って思ったら、それがふいに僕に伝染《でんせん》してしまって、ぶんちゃんとまったく同じように「あはは」と声に出して笑いながら、泣いてしまった。

（森沢明夫《もりさわあきお》「海を抱《だ》いたビー玉」）

(1) ①・③・⑥にあてはまる言葉として最も適切なものを次から選び、それぞれ記号で答えなさい。

ア 次にいう言葉　イ 短すぎる単語　ウ トゲのある言葉

①（　　）③（　　）⑥（　　）

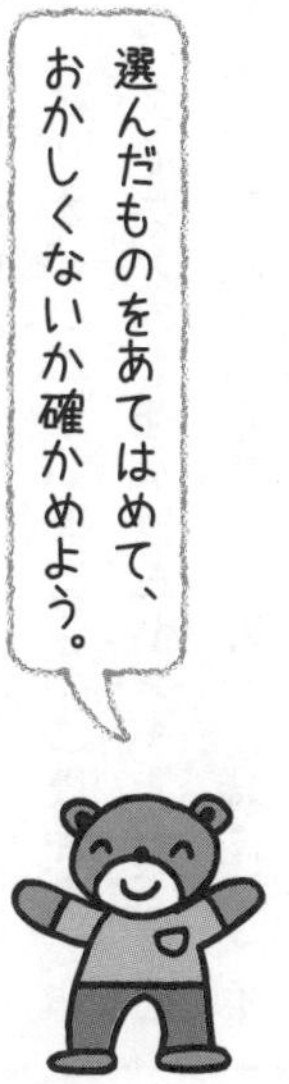
選んだものをあてはめて、おかしくないか確かめよう。

(2) ――②「わかってるよ――」とありますが、「僕」は、どのようなことをわかっているのですか。文中の言葉を使って答えなさい。

（　　）

(3) ――④「今度は僕がうつむく番だった」とありますが、それはなぜですか。その理由として最も適切なものを次から選び、記号で答えなさい。

ア 「ぶんちゃん」は海が好きで楽しみのようだったが、「僕」は海が苦手で楽しみには思えなかったから。

イ 「ぶんちゃん」は告白してすっきりしたようだったが、「僕」はかくされていたことをゆるせないでいたから。

ウ 「ぶんちゃん」は現実を受け入れる覚悟《かくご》ができたようだったが、「僕」はまだ現実を受け止めきれないでいたから。

エ 「ぶんちゃん」は「僕」のことをいちばんに考えてくれていたが、「僕」はそうする自信がなかったから。

（　　）

(4) ――⑤「窓の外から勢いよく……淋しい気持ちにもなった」とありますが、これと同じように、状況《じょうきょう》と「僕」の気持ちがかみあっていない部分を文中から一文で探し、はじめの五字をぬき出しなさい。

□□□□□

(5) ――⑦「笑おうとしたけれど失敗してしまったみたいな、へんてこで哀しい顔をした」とありますが、なぜこんな顔になったのだと考えられますか。文中の言葉を使って答えなさい。

（　　）

ヒント 「ぶんちゃん」が笑おうとしたのはなぜか、また、哀しい顔になったのはなぜかを考えてみよう。

（暁星中―改）

↓解答は65ページ

月　日

1 次の文章を読んで、あとの問いに答えなさい。

小学四年生のヤンチャ、ノリオ、ハム太《た》、僕《ぼく》(ワタル)は仲良し四人組だったが、一番ワンパクでケンカも強かったヤンチャが、原因不明の難病《なんびょう》で入院してしまう。三人がお見舞《みま》いに行った時に、タイムマシンを作ってほしいとヤンチャに頼《たの》まれ、三人は約束した。

ヤンチャとの約束を交《か》わして以来、三人とも、これから作ろうとしている①タイムマシンが本物かどうかなんてことをわざわざ話題にしなくなった。ヤンチャがああして一緒《いっしょ》に面白《おもしろ》がってくれるなら——薬臭《くすりくさ》いベッドで寝《ね》ているしかないヤンチャが、ほんの少しでも元気を出してくれるなら、タイムマシンが本物だろうがニセ物だろうが、そんなことはどうでもよかったのだ。

とはいえ、僕らはお互《たが》いになんとなくわかっていた。②あのヤンチャの言葉を信じたがっているのが、自分だけではないということ。

〈〇・〇〇〇〇一パーセントの可能性〉

たとえそれがバカげた夢物語に過ぎないとしても、最初から何もかもあきらめてしまったら、〇・〇〇〇〇一パーセントはたちまち完全な〇になってしまう。すべてをあきらめたやつのもとに、奇跡《きせき》は起こらない。

毎日毎日、時間が許すかぎり秘密《ひみつ》基地に通いつめて、僕らは③□生懸《けん》□に作業を進めた。親から変に疑《うたが》われたりしないように、暗くなる前には全速力で家まで走って帰り、さらには成績が下がって文句を言われたりしないように、宿題も前より［④］やるようになった。

倉庫の片《かた》すみに捨《す》てられていた古いポリのバスタブが、タイムマシンの胴体《どうたい》になった。そこに、五寸釘《ごすんくぎ》と金づちでいくつも穴《あな》をあけ、それらしく見えるようにネジやボルトを差し込《こ》んでいく。何のために必要かはわからないけれどタイヤも四つくっつけてみたし、ハンドルだって取り付けた。そういう部品は、ほとんどがハム太の持ってきたものだった。彼《かれ》の家は自動車の修理工場をやっていて、いらなくなった部品が裏庭《うらにわ》にたくさん積みあげてあったのだ。

例の本のさし絵にあった設計図によると、タイムマシンにはまるでクリスマスツリーの飾《かざ》りみたいな電球がたくさんついていた。問題は、この倉庫に電気が来ていないことだった。そこでノリオは、家の裏においてあったお父さんの古い自転車をくすねてきた。ヘッドライトにつながる電線を分岐《ぶんき》させるのはハム太の仕事で、自転車をこいで発電させるのは僕の仕事というわけだ。

「お前がこげよ、ハム太」と、ノリオは意地悪《いじわる》そうに言った。「そうすりゃやせるぞ。うちのオニババなんか、部屋ん中で自転車こいでる」

僕はといえば、いつも使っている目覚まし時計(小学校の入学祝いに買ってもらったやつ)を家から［⑤］持ってきて、ハンドルの横に取りつけた。そのせいで、翌朝《よくあさ》ずいぶん母さんから問い詰《つ》められたけれど、ゴッコ遊びに使うために持ち出してなくしてしまったのだと言い張った。

まるっきりの嘘《うそ》とは言えないかもしれない。ほかの人から見れば、これはやっぱり〈［⑥］〉に過ぎないのだろうから。

僕らはみんな、嘘をついてはいけません、と教えられて大きくなる。でも、嘘をつかなければ一番大切な約束を守れないのだとしたら——いったい、どうすればいいんだろう？
千代子《ちよこ》先生だったら何て言うだろうな、と僕は思った。
⑦大人は、そういう肝腎《かんじん》なことを教えてくれない。

（村山由佳《むらやまゆか》「約束」）

(1) ――①「タイムマシン」とありますが、三人が本物ではないタイムマシンだと知りながらも、完成させようとしているのはなぜですか。その理由を示す一文を文中から探《さが》し、はじめの五字をぬき出しなさい。

(2) ――②「あのヤンチャの言葉」とは、どのようなものだったと考えられますか。最も適切なものを次から選び、記号で答えなさい。
ア　タイムマシンを完成させたら千代子先生にほめてもらえる。
イ　本のさし絵どおりに作れば本当にみんなで未来に行ける。
ウ　タイムマシンで未来に行ったら自分の病気は治るかもしれない。
エ　みんなが本当にできると信じていればタイムマシンは完成する。
（　）

ヒント　どんなに可能性が低くてもあきらめたくないこととは何なのか想像して答えよう。

(3) ――③「□生懸□」の□にあてはまる漢字を一字ずつ答えなさい。
□生懸□

(4) ④・⑤にあてはまる言葉として最も適切なものを次から選び、それぞれ記号で答えなさい。
ア　たっぷり　イ　てきとうに
ウ　きちんと　エ　ごっそり
オ　こっそり　カ　わりと
④（　）⑤（　）

(5) ⑥にあてはまる言葉を文中から五字でぬき出しなさい。

ヒント　直前の「これ」とは、タイムマシンを作っていることだね。

(6) ――⑦「大人は、そういう肝腎なことを教えてくれない」とありますが、大人はどのようなことを教えてくれないと「僕」は感じていますか。最も適切なものを次から選び、記号で答えなさい。
ア　約束を守るためには嘘はつかなければならないということ。
イ　約束を守るためであっても嘘はついてはいけないということ。
ウ　嘘をつかずに約束を破った場合どうすればよいかということ。
エ　約束を守るための嘘はついてもいいのかどうかということ。
（　）

(7) 文中から次の一文がぬけています。どこに入れるのがよいですか。すぐあとの文のはじめの五字をぬき出しなさい。
それでもやっぱり、気はとがめた。

（千葉日本大第一中―改）

1 次の文章を読んで、あとの問いに答えなさい。

小学六年生の理穂《りほ》は、先生と学級委員の友迫《ともさこ》さんと一緒《いっしょ》に、入院した同級生の美咲《みさき》を見舞《みま》うことになった。本意ではなかったが、幼《おさな》なじみだという理由で選ばれ、断れなかったのである。

「師岡《もろおか》さん、早く、元気になってね……」

みんな待っているからとお見舞いの言葉を続けられなくて、友迫さんが泣き出した。

「師岡さん、かわいそう」

嫌《いや》な予感がした。ひどく落ち着かない気分だった。

こんなになって、痛《いた》いでしょと、友迫さんはしゃくり上げ、先生も少し涙《なみだ》ぐみながら、その頭をなで、美咲のお母さんは、

「ありがとう。優《やさ》しいのね。でも、もう少しの辛抱《しんぼう》なの。二学期からは、学校に通えるから仲よくしてやってね」

と、エプロンで目頭《めがしら》をぬぐった。あたしは黙《だま》っていた。美咲は、目を閉《と》じて動かない。指先だけが、シーツをにぎりこんでいた。

涙やら、思いやりの言葉やら、お見舞いの品やら、お礼のあいさつやらが、清潔な白い病室の中を行き来し、それが一段落《いちだんらく》し、わたしたちは辞することになった。

「理穂ちゃん」

①急ぎ足で病室を出ようとした時、美咲は目を開け、弱々しい声であたしの名前を呼《よ》んだ。ちゃんづけで呼んだ。嫌な予感は確信に変わり、あたしは、覚悟《かくご》を決めた。

「もう少し……います」

そう、師岡さんを疲《つか》れさせないようにね。理穂ちゃん、あとでおばさんが、お家《うち》まで送って行くわ。師岡さん、さよなら。ほんとに、待ってるからがんばってね。じゃ、そこまでお見送りします。いえ、もう、よろしいですよ。先生、出席日数のことで……。

②頭の上や体の横を、言葉は漂《ただよ》い、消えていく。みんな出ていく。閉《し》まる寸前《すんぜん》のドアの向こうで、友迫さんが目を赤くしてほほえみ、手を振《ふ》った。

最悪な展開《てんかい》だ。わたしは悟《さと》り、もう一度覚悟を決め、美咲のベッドまで③大股《おおまた》で近づいた。美咲が起き上がる。

「理穂」

美咲は、あたしに構えるヒマを与《あた》えなかった。バシッと頬《ほお》が鳴る。鋭《するど》い痛《いた》みが走る。よろめかないように、足を踏《ふ》ん張るのが精一杯《せいいっぱい》だった。

「よくも、こんなはずかしいこと、してくれたね」

息を荒《あら》くして、美咲がにらむ。点滴《てんてき》のチューブがゆれた。

「理穂、あんた、最低!」

「わかってる」

「わかってない」

「わかってる!」

わかっている。これは屈辱《くつじょく》だ。美咲にとって、安易な同情ほど屈辱的なものは、ない。千羽鶴《せんばづる》の束が、ベッドの下に滑《すべ》り落ちる。

千羽鶴はいい。お見舞いの手紙も花束もいい。でも、友迫さんの涙だけは、まずかった。自分が、かわいそうな少女にされてしまったことに、美咲は蒼白《そうはく》になって怒《いか》っている。④怒りながら、耐《た》えていた。

↓解答は66ページ

月　日

「何よ、なんで、あたしが泣かれなくちゃいけないのよ。あんなふうに……」

美咲の目から涙がこぼれた。かみしめた唇《くちびる》から、うめきが漏《も》れた。

悔《くや》しい、悔しい、ちくしょう。

他人に対し、かわいそうと泣くことに、人はもう少し慎重《しんちょう》でなければならないのだろう。助力できるなら、救えるのなら、最後まで支え続ける覚悟があるのなら、泣けばいい。友迫さんの涙は、無責任だった。勝手に泣いて、かわいそうがって、自分の気持ちだけ浄化《じょうか》して、ほほえんでサヨナラなんて、あまりに無責任だ。無責任な覚悟のない優しさは、ただのあわれみにすぎない。あたしが美咲から学んだことだった。

あわれまれて、たまるもんか。

シーツの上で、美咲の涙がシミになる。

「⑤わかってる」

あたしは、つぶやいた。あたしも美咲を侮辱《ぶじょく》した。優しい親友の役を拒否《きょひ》できなくて、のこのこついてきた。最低だ。わかっている。

（あさのあつこ「ガールズ・ブルー」表記を一部改めた箇所《かしょ》がある）

(1) ――①「急ぎ足で」、――③「大股で」とありますが、これらの様子には理穂のどのような気持ちが表れていますか。次の[あ]・[い]にあてはまる言葉を文中からそれぞれ六字以内でぬき出しなさい。

・「急ぎ足で」には、[あ]がして落ち着かず、早く帰りたい気持ちが、「大股で」には、[い]理穂の気持ちが表れている。

あ [　　　　　　]　い [　　　　　　]

(2) ――②「頭の上や体の横を、言葉は漂い、消えていく」とありますが、このことからどのようなことが読み取れますか。最も適切なものを次から選び、記号で答えなさい。

ア どの言葉も理穂の心にしみいったこと。
イ どの言葉も理穂を傷《きず》つけるものであること。
ウ どの言葉も理穂に向けたものではないこと。
エ どの言葉も理穂は上の空で聞いていること。

（　　）

(3) ――④「怒りながら、耐えていた」とありますが、美咲のこのような様子がわかる一文を文中から探《さが》し、はじめの五字をぬき出しなさい。

[　　　　　]

(4) ――⑤「わかってる」と言ったときの理穂について説明したものとして、最も適切なものを次から選び、記号で答えなさい。

ア 自分は最低であることはわかっているが、美咲に言われると悔しくてたまらない。
イ 美咲がなぜ悔しいのかわかっているが、自分も美咲を侮辱したことに気づいている。
ウ 美咲に言われて自分が最低だとわかったが、それをすなおに認《みと》められないでいる。
エ 美咲がどれほど傷ついているのかは理解できないが、美咲に寄りそおうとしている。

（　　）

ヒント 前の二つの「わかってる」とのちがいに着目しよう。

（東邦大付属東邦中―改）

1 次の文章を読んで、あとの問いに答えなさい。

ねじまがりの滝《たき》はそれから一時間ほど下ったところで中島君の双眼《そうがん》鏡《きょう》が発見した。

今度はまちがいなく双眼鏡の威力《いりょく》だった。

「あれだあ！」

中島君の大きい声とともに①それまでなんとなく黙《だま》りこんでいたアメンボ号が急に活気づいた。オボが双眼鏡をのぞいて確認《かくにん》した。太陽はまだ頭の上にあってさらに暑くなっていた。

川幅《かわはば》はすこしずつ狭《せま》くなっていき、同時に流れもすこしずつ速くなっていくようなので、そのままどんどんスピードを増して一気に滝に突入《とつにゅう》していってしまうような恐怖《きょうふ》を感じた。けれど実際にはすこし前とくらべてほんのわずか速くなったという程度のもので、そこから滝の音が聞こえるところにくるまでかなり長い時間がかかった。

②四人の考えが一致《いっち》して、いったんアメンボ号を岸につけ、もう一度全員で偵察《ていさつ》することにした。

けれど流れの中でアメンボ号を止めるというのは案外むずかしく、*葦《あし》の繁《しげ》った河原にアメンボ号をぴったり横につけるのはとてもできない。どうしても*へさきか*ともが流れてななめになってしまうのだった。鎖《くさり》がわりにロープでとめるにもその支えとなる木や杭《くい》が見つからなかった。

そこでふたりがロープでアメンボ号を押《お》さえているあいだにほかのふたりが偵察に行ってくる、という作戦をとることになった。

先にオボと中島君が偵察に出て、ぼくとフーちゃんは葦の繁みの泥《どろ》の中に入ってロープを持った。

最初のうちはどうということもなかったのだが、フーちゃんが一度足場を変えたとき、急にぼくのロープに大きな力がかかった。それは誰《だれ》か③目に見えない大男があらわれて突然《とつぜん》アメンボ号を下流に引っぱりだした。というような感じだった。

「ああ」と、唸《うな》るような声をあげたときには、もうアメンボ号は［④］と流れにむかってうごきだしていた。フーちゃんもその異変《いへん》に気がついていた。

「まずい、早く！」

ぼくは叫《さけ》び、水の中をころがるようにして走り、動いているアメンボ号にむかった。フーちゃんもロープをつかんだままアメンボ号に突進《とっしん》している。まだアメンボ号は人間の歩くくらいのスピードだった。這《は》いつくばるようにしてぼくとフーちゃんはなんとか甲板《かんぱん》に乗りこんだ。

アメンボ号は川の中央にむかってしだいに勢いをつけて流れていく。

アメンボ号は［⑤］と滝の中に突進していった。

通過はあっというまだった。やはり何か巨大《きょだい》な透明巨人《とうめいきょじん》があやつっているような感じで、アメンボ号は見事に*堰《せき》の中央部を通り、二メートル下の広い川に全体をきしませるようにして突入した。左右からの水しぶきで全身がびしょ濡《ぬ》れになってしまったのがわかった。滝下の速い流れに押されて堰から十メートルほどのところに行くまで数秒とかからなかったが、そこから二十メートルほど流されたあたりがトロ場(流れのないところ)になっていて、アメンボ号は堰と平行の横向きのかっこうでようやく動きを止めた。

↓解答は66ページ

月　　日

堰の上でオボと中島君が呆然《ぼうぜん》とこっちを見ているのがわかった。ぼくとフーちゃんが両手を振《ふ》ると⑥堰の上のふたりがぴょんぴょん跳《と》びあがり、同じように激《はげ》しく手を振っているのが見えた。

（椎名《しいな》 誠《まこと》「アメンボ号の冒険《ぼうけん》」表記を一部改めた箇所《かしょ》がある）

＊葦＝水辺に生えるイネ科の草。　＊へさき＝ふねの前方の部分。
＊とも＝ふねの後方の部分。　＊堰＝川の水をせきとめる所。

(1) ——①「それまでなんとなく黙りこんでいたアメンボ号が急に活気づいた」とありますが、これについて次の各問いに答えなさい。

① ここで用いられている表現技法として最も適切なものを次から選び、記号で答えなさい。

ア 体言止め　イ 直喩《ちょくゆ》
ウ 擬人《ぎじん》法　エ 倒置《とうち》法

（　　）

② ここから読み取れる四人の様子を十五字以内で答えなさい。

ヒント　アメンボ号の様子からみんなの様子をとらえよう。

(2) ——②「四人の考えが一致して」とありますが、四人の考えとはどのようなものだったと考えられますか。最も適切なものを次から選び、記号で答えなさい。

ア ねじまがりの滝に行くのはあきらめて休憩《きゅうけい》しよう。
イ ねじまがりの滝までの距離《きょり》や様子を確認しておこう。
ウ ねじまがりの滝以外の面白《おもしろ》いものを見つけよう。
エ ねじまがりの滝に行く前にアメンボ号を補強《ほきょう》しよう。

（　　）

(3) ——③「目に見えない大男」と同じ内容を表している言葉を文中から七字でぬき出しなさい。

(4) ④・⑤にあてはまる言葉として最も適切なものを次から選び、それぞれ記号で答えなさい。

ア さらさら　イ ずきずき
ウ ぐいぐい　エ かたかた
オ ずるずる

④（　　）⑤（　　）

(5) ——⑥「堰の上のふたりがぴょんぴょん跳びあがり、同じように激しく手を振っている」とありますが、このときの「堰の上のふたり」の気持ちとして最も適切なものを次から選び、記号で答えなさい。

ア 乗っているふたりの楽しそうな様子を見守っていたが、やはり自分たちが乗ればよかったと後悔《こうかい》している。
イ 計画通りに事が進んだ様子に感動し、乗っているふたりとともに、気持ちがもり上がり、はしゃいでいる。
ウ 自分たちだけ取り残されたことにショックを受け、乗っているふたりに激しく怒《いか》りをぶつけている。
エ 予期せぬ出来事におどろき、あっけにとられていたが、乗っていたふたりが無事だとわかり、安心し喜んでいる。

（　　）

ヒント　ぼくたちが手を振っているのを見つけたときの気持ちをとらえよう。

（埼玉栄中—改）

月　日

1 次の文章を読んで、あとの問いに答えなさい。

夫を病気でなくした小田由美《おだゆみ》は、息子《むすこ》の茂《しげる》が試合に一度も出してもらえない理由を聞くために、少年野球の監督《かんとく》の冷泉《れいぜい》と話をしている。

「親馬鹿《ばか》だと思うんですが、実は私《わたし》、①先月から二度ばかり息子の野球の試合を見物に行ったんです」

「お見えになってたんですか。ベンチの方へ来て下さればよかったのに」

「いえ、仕事へ出かける前にちょっとのぞいただけですから……。それで私息子の野球を見ていて」

そこまで言って、由美は言葉を［②］。

「で、何ですか」

「ごめんなさい。息子は毎日野球に行くことを私の目から見ても、とても楽しみにしていました。きっと野球が面白《おもしろ》くてしょうがないのだと思っていましたから、どんな野球をしているのかと思って出かけたんです。そうしたら息子は試合にも出られず、バットを片付《かたづ》けたりグラウンドの石を拾ったりと、なんだか息子が可哀相《かわいそう》になりまして……」

「そうでしたか……」

冷泉はシャツのポケットから煙草《たばこ》を出して火を点《つ》けると、

「そうでしょうね、奥《おく》さんがおっしゃることはよくわかりますよ。私もずっと野球をやっていたんですが、③私の野球に対する考えも奥さんと同じだったんです。私は子供《こども》の頃《ころ》から野球選手になることだけが夢だったんです……」

と煙《けむ》りを吐《は》き出しながら話をはじめた。

「――幸い親からもらった身体《からだ》も同じ歳《とし》の連中より大きかったですし、好きだったスポーツだから上達も早かったんでしょう。高校へ入った時はもうプロ野球へ行くことしか考えていませんでした。私が一年生で野球部へ入部した時のキャプテンが奥さん、あなたのご主人だった小田先輩《せんぱい》です。小田先輩も神奈川《かながわ》県下では指折りの投手でした。でも先輩はエースの座を監督さんに話して私に譲《ゆず》ってくれたんです。私は一年生ですぐマウンドに立ちました。スピードはあったのですが、どうも頭《ここ》が悪くて一年の時は先輩に迷惑《めいわく》をかけました」

と太い指でこめかみをさして笑った。

「――夏の甲子園《こうしえん》地区予選を三回戦で敗れた後で、先輩が私を呼《よ》んで『冷泉は将来《しょうらい》プロ野球へ行きたいのか』って言われたんです。私がそうですと返事をすると『おまえならきっとプロの選手になれるよ、がんばれ』と言われてから最後に『冷泉、野球ってスポーツはいいだろう。俺《おれ》は野球というゲームを考え出したのは人間じゃなくて、人間の中にいる神様のような気がするんだ。いろんな野球があるものな。おまえにもそのことをわかって欲《ほ》しいんだ。自分だけのために野球をするなよ』って……、何か変な事を言う人だなって、その時は思いました。(中略)そこからプロ野球を目指しました。(中略)しかし上手《うま》く行きませんでした。(中略)そんな時に先輩が訪《たず》ねて来ました。『帰って来い冷泉、田舎《いなか》へ帰ってまた野球をやろう』と言われました。野球はもういいですよって、私が言ったら『そうだろう、つまんない野球はもうやめろ。神様がこしらえた野球をやろうや』と笑って言われました。それから半年先輩の言ったことを考えて、田舎に戻《もど》って来たんです。高校の監督も三年や

➡解答は67ページ

らしてもらいました。甲子園へは行けませんでしたが、それだけが高校野球ではないこともなんとなくわかりました。そして何より④楽しかったのは先輩たちとやった草野球でした。自分はもし先輩に逢《あ》うことがなかったら、きっとつまらない野球をした男で終《おわ》っていたでしょう。そんな野球と出逢えてから、この町がひどく好きになったんです」

（中略）

「すみませんでした。何も知らないで」

「もうすぐですよ。もうすぐ小田三塁手《さんるいしゅ》もゲームに出られるようになります。先輩の話をすると小田君は目がかがやきます。佐々木《ささき》さんが『小田は目がいい』と誉《ほ》めていました。会長さんですがね、先輩に野球を教えた人です。名選手にならなくたっていいんですよ。自分のためだけに野球をしない人間になればいいと思っています」

由美は立ち上《あが》って冷泉の前に起立すると、

「本当にすみませんでした。⑤茂をよろしくお願いします」

と言って公園を飛び出した。

（伊集院《いじゅういん》　静《しずか》「夕空晴れて」表記を一部改めた箇所《かしょ》がある）

(1) ——①「先月から二度ばかり息子の野球の試合を見物に行ったんです」とありますが、由美はなぜ茂の試合を見に行ったのですか。その理由を答えなさい。

（　　　　）

(2) [②]にあてはまる言葉として最も適切なものを次から選び、記号で答えなさい。

ア はさんだ　イ かけた

ウ 切った　エ つくした

（　　）

(3) ——③「私の野球に対する考えも奥さんと同じだったんです」とありますが、これについて次の各問いに答えなさい。

① プロ野球を目指していた頃の冷泉、由美の野球に対する考えはどのようなところが同じだったのですか。答えなさい。

（　　　　）

ヒント 由美のどのような言葉から、冷泉が自分と同じだと感じ取ったのか考えよう。

② ①のような考えで行う野球のことを、由美の夫は、どのような野球だと考えていましたか。文中から七字でぬき出しなさい。

□□□□□□□

(4) ——④「楽しかった」のは、どのような野球だったからですか。

（　　　　）

(5) ——⑤「茂をよろしくお願いします」とありますが、このときの由美の気持ちとして最も適切なものを次から選び、記号で答えなさい。

ア 試合に出られないのは茂自身の問題だと気づき、茂をもっときたえてほしいという気持ち。

イ 自分の考えが間違《まちが》っていたことに気づき、野球に関することは冷泉に任せようという気持ち。

ウ 冷泉の考え方に納得《なっとく》できず、茂を何とか試合に出してもらえるようたのみこむ気持ち。

エ 自分の思いは冷泉に伝わったと感じ、あとはどうなっても構わないという気持ち。

（　　）

（成蹊中—改）

6日 まとめテスト (1)

月　日

時間 20分【はやい15分 おそい25分】
合格 80点
得点　点

⬇解答は67ページ

1 次の文章を読んで、あとの問いに答えなさい。

［十一歳《さい》の「わたし」(美月)は、夏休みを遠い親戚《しんせき》の家で過ごしている。］

するとヒコーキ*くんは、ぱっと視線《しせん》を首からさげた空の虫かごに落とし、次に右手に持っている買ったばかりのペットボトルのコーラに向けた。そして、そのコーラをぐいっとわたしに差しだした。

「はい」

「え？」

「あげる」

「なんで……？」

「コーラきらい？」

「ううん。でもこれ、ヒコーキくんが、今飲もうとして買ったんでしょ？」

と、わたしが答えたとたん、ヒコーキくんは人差し指で自分の鼻を指差し、笑いだしそうな顔で聞き返してきた。

「——ヒコーキくん？」

はっ、と①自分の失言に気づいたわたしは、火がついたように真っ赤になっていくのがわかった。

「あ、あの……、それはね……」（どうしよう……）

けれど、わたしが、なんとかその説明をしようと顔をあげたとき——。

ヒコーキくんは、すっと背筋《せすじ》をのばして耳をすました。

そして、

「ごめん、ともだち来たから」

と、言うが早いか、わたしの手にコーラのペットボトルをぎゅっと押《お》しつけ、虫とり網《あみ》を肩《かた》に背負ってかけだした。

わたしはコーラを手に、まばたきをしてヒコーキくんを見送った。

「……ともだちって？」

と、あたりを見回した。

どこにも人影《ひとかげ》は見当たらない。猫《ねこ》さえいない。けれど、それから三つも数えないうち、ヒコーキくんの向かう道の先に、男の子が一人。二人、三人四人と現れた。

駅からの帰り道、わたしはお日さまを飲みこんだみたいに元気だった。

そのうえなんだか体中の水分が、ソーダ水になってしまったようだった。体中のあちこちで、勝手に泡《あわ》がパチパチはじけるものだから、わけもなくスキップを始めたり、くすぐったくなって笑ったり、走り出したくなってしまう。

にぎやかに鳴きだした朝のセミも

ヨシヨシヨシヨシ

シンパイナイ　シンパイナイ　ダイジョーブ

そう言っている。

動きだした朝一番のバスも、通りをわたる磯《いそ》の風も、何もかもが、きらきら光ってわたしに合図を送ってくる。

オイデヨ　美月　走ッテオイデヨ

そして、ヒコーキくんのくれたコーラに、ママの言った言葉が重なる。

好きな人には、何かあげたいと思うじゃない。自然な気持ちよ。

わたしは、②どきどきしながらヒコーキくんのコーラを空にかざして、目を[③]。

わたしに「はい」と、このコーラを差しだしたときの、ヒコーキくんの明るい表情が空に広がる。

「ありがとう」

わたしは言えなかった言葉を空に向かって言った。

（薫《くん》くみこ「ぜんぶ夏のこと」）

＊ヒコーキくん＝「わたし」がこちらの土地で会った男の子。名前は「コーキ」というらしいが、「わたし」は自分の中で「ヒコーキくん」と呼《よ》んでいる。

(1) ――①「自分の失言に気づいたわたしは、火がついたように真っ赤になっていくのがわかった」とありますが、これについて次の各問いに答えなさい。

① 「わたし」の失言とはどのようなことか、答えなさい。(20点)

（　　　　）

② このときの「わたし」の気持ちを表した次の慣用句の□にあてはまる言葉を、漢字一字で答えなさい。(20点)

・□から火が出る

□

(2) ――②「どきどきしながら」とありますが、なぜ「わたし」はどきどきしているのですか。その理由を答えなさい。(20点)

（　　　　）

(3) [③]にあてはまる言葉として最も適切なものを次から選び、記号で答えなさい。(20点)

ア かすめた　イ 引いた

ウ かけた　エ 細めた

（　　）

(4) この文章の表現について説明したものとして最も適切なものを次から選び、記号で答えなさい。(20点)

ア 会話部分に使われている「……」は、どれも、気持ちに迷いがあるために、ものをはっきり言えない「わたし」が、言葉をにごしていることを示している。

イ 「ヒコーキくん」のともだちの姿《すがた》が現れる場面では、最初は「男の子が一人。」と区切り、次は「二人、」と少し間をあけ、最後は「三人四人」と区切らずに書くことで、ともだちの姿が「わたし」の目に入ってくる間隔《かんかく》が縮《ちぢ》まっていく様子をえがいている。

ウ 駅からの帰り道の場面において、「体中の水分が、ソーダ水になってしまったようだ」「体中のあちこちで、勝手に泡がパチパチはじける」とあるのは、「わたし」が、もらったコーラを一気に飲みほした様子をたとえたものである。

エ セミや周囲のものから伝わる「わたし」へのメッセージを、「シンパイナイ」「オイデヨ」などとカタカナで表記して、かたく無機質な印象をあたえることで、「わたし」の心の中にひそむ、わずかな不安を表現している。

（　　）

（芝中―改）

7日

説明文・論説《ろんせつ》文 (1)

↓解答は68ページ

月　日

1 **次の文章を読んで、あとの問いに答えなさい。**

前の年の秋に枝を離《はな》れたアカガシのドングリは、落ち葉の陰《かげ》に着地。湿《しめ》っていたので、すぐに根を出すことに成功しました。ドングリは、とがったほうから根も芽も出ます。冬のあいだすこしずつ根を伸《の》ばして、養分の貯蔵《ちょぞう》庫になっている双葉《ふたば》に水分を供給《きょうきゅう》することができました。ドングリの中身は、肥大した双葉なのです。春になり、水分を吸《す》ってふくらんだ①双葉の貯蔵庫から糖分《とうぶん》のエネルギーをもらって、芽を伸ばして本葉を出します。

ドングリは、アサガオのタネのような双葉を広げて光合成をするのではなく、親木からさずかったデンプンを糖分に変えて、芽を伸ばす力にします。②双葉でかせいだエネルギーで本葉を出して伸びていくより、早く本葉を出して苗木《なえぎ》として高くなるほうがいいのです。

カエデやケヤキ、ブナなどの落葉広葉樹《じゅ》のタネは、暗い森の中で芽吹《めぶ》いても、双葉から本葉を二枚以上出すことができません。すこし明るければもうすこし伸びることができますが、六月を過ぎて、森の中が暗くなるにつれて枯《か》れてしまいます。

アカガシのドングリは、暗い森の中でも耐《た》えて、秋まで生き残る確率は落葉樹より高くなります。最初の夏を生き残れば、冬も葉がある常緑樹の強みを発揮《はっき》できるのです。落葉樹が混じる森なら、③すこし明るくなる冬の森を生きぬきます。二年めの春には芽が伸びて、本葉は一〇枚くらいになります。一〇年間生きぬいても樹高一メートルがやっとでしょう。五〇年たっても樹高五メートル、幹の直径一〇センチ、年輪は一ミリ幅《はば》がやっと。森の中で若い木が生き残ることはたいへんなのです。

森で毎年生産されるドングリだけでも、何十万、何百万個になるでしょう。一年間生き残る個体は、そのうち一%もありません。多くは森の動物たちの食料となります。アカガシのような常緑樹は、落葉樹より暗い環境《かんきょう》に適応しているため、陰樹《いんじゅ》と呼《よ》ばれます。いくら暗い環境に適応しているからといっても、森の中で日陰《ひかげ》者として五〇年生き残るだけでも奇跡《きせき》のようなことなのです。

［④］ある日、台風の大風をまともに受けた親のアカガシが、根元から倒《たお》れました。上空にぽっかりと青空が見えます。五〇年の下積み生活を耐えていた子どものアカガシに、⑤チャンスが訪《おとず》れたのです。ほかに何本もの子どものアカガシやほかの種類の若木《わかぎ》もいましたが、［⑥］年間も耐えしのんですこしずつ育っていた樹高五メートルの高さが、この子どものアカガシが次代の森の主役の座《ざ》にのぼりつめる決め手になりました。

つぎの年から、年間三メートルものスピードで森のてっぺんまで到達《とうたつ》。ほかの木たちとの⑦競争に勝った子どものアカガシは、その三〇〇年後に根の傷《いた》みがもとで倒れるまで、親のアカガシのかわりに森の主役でありつづけることができました。それは、五〇年のあいだすこしずつ成長していたために、五〇年分の年輪が細くて堅《かた》くしまっていたことが要因でした。芯《しん》が硬《かた》く強くなっていたために、急に成長を加速させても幹が弱くならずに、⑧しっかりと枝葉を広げることができたのです。

森の全体を見わたせば、木々におおわれていつも同じような姿《すがた》をしていますが、台風の雨や風、火山の噴火《ふんか》や地すべりなどの自然災害や、＊腐朽《ふきゅう》などで、木が倒れたり、土が流されたりして、変化がおこっています。その結果、森の中まで日がさしこむような環境の変化が生まれるのです。

（石井《いしい》誠治《せいじ》「樹木ハカセになろう」）

＊腐朽＝くさりくちること。

(1) ――①「双葉の貯蔵庫から糖分のエネルギーをもらって、芽を伸ばして」とありますが、こうするのは何のためですか。「〜ため。」に続く形で文中から十七字でぬき出しなさい。

□□□□□□□□□□□□□□□□□ため。

ヒント アサガオの成長の仕方とのちがいを読み取ろう。

(2) ――②「双葉でかせいだ」とありますが、何をしてかせいだのですか。文中から三字でぬき出しなさい。

□□□

(3) ――③「すこし明るくなる冬」とありますが、なぜ冬にすこし明るくなるのですか。最も適切なものを次から選び、記号で答えなさい。

ア　冬になるにつれて森全体にあたる太陽の光が強くなるから。
イ　落葉樹の葉が落ちて、森の中まで日がさしこむようになるから。
ウ　落葉樹との成長競争に勝って苗木が明るい気持ちになるから。
エ　冬の寒さで大きく成長した落葉樹までも枯れてしまうから。

（　　）

ヒント 「落葉樹が混じる森」が明るくなるということに注意！

(4) ④にあてはまる言葉として最も適切なものを次から選び、記号で答えなさい。

ア　つまり　イ　なぜなら
ウ　だから　エ　ところが

（　　）

(5) ――⑤「チャンス」とはどのようなチャンスですか。最も適切なものを次から選び、記号で答えなさい。

ア　ほかの木といっしょに成長するチャンス。
イ　さらに五十年間生きのびられるチャンス。
ウ　光を浴びて成長して森の主役になるチャンス。
エ　自然災害や環境の変化に耐えられるチャンス。

（　　）

(6) ⑥にあてはまる言葉を文中からぬき出しなさい。

（　　）

(7) ――⑦「競争に勝った」とありますが、この子どものアカガシが競争に勝った要因を文中から十字でぬき出しなさい。

□□□□□□□□□□

(8) ――⑧「しっかりと枝葉を広げることができた」理由として最も適切なものを次から選び、記号で答えなさい。

ア　五〇年間少しずつ育って幹が強くなっていたから。
イ　ほかの木より日の光をたくさん浴びて大きくなったから。
ウ　上空のぽっかりと広い場所まで急成長できたから。
エ　ほかの子どもの木よりも木の幹が細かったから。

（　　）

（成城学園中―改）

説明文・論説《ろんせつ》文 (2)

↓解答は68ページ

月　日

1 次の文章を読んで、あとの問いに答えなさい。

飼いウサギの研究を一応打ち切って、私《わたし》が高崎山《たかさきやま》(大分県《おおいた》)を訪《おとず》れたのは、一九五三(昭和二十八)年の冬であった。その頃《ころ》、伊谷純一郎《いたにじゅんいちろう》さんは高崎山に常駐《じょうちゅう》していて、すでに多くのサルの個体識別をしていた。彼《かれ》はサルの名前や顔の特徴《とくちょう》を親切に教えてくれたうえ、「こいつはずるい顔をしてる」とか「間が抜《ぬ》けている」といった、相棒《あいぼう》に対する感想を述べてくれたが、聞いていて私はさっぱりピンとこなかった。①穴《あな》のあくほどサルを見つめ、ようやく顔や特徴を覚えたと思ったら、そのサルはどこかへ去り、次々に新しいのが現《あら》われる。指が欠けているとか、ホクロがあるといった特徴をもっているサルはともかく、次々に現われる二〇〇頭のサルの前に、私の記憶《きおく》機能は完全に混乱《こんらん》に陥《おち》り、半分ノイローゼ状態になった。私はウサギとは違《ちが》った異質《いしつ》な多様さと喧騒《けんそう》とに彩《いろど》られた*絢爛《けんらん》ともいうべきサルの群れの中で②右□左□した。私は個体識別能力には、いささか自負するところがあった。ウサギは表情もなく声もほとんど出さず、行動のうえの特色も少ないけれど、白一色のそれを見て即座《そくざ》に名前をいえたからである。だから表情の豊かなサルであってみれば、もっと個体識別が容易に違いないと安心していたのだが、③その自信はもろくも崩《くず》れ去ったのである。

しかし三日ほど動き回るサルの中で暮《く》らしていると、にわかにサルの顔覚えが楽になり出した。つまりはサルのもっている雰囲気《ふんいき》が私の身体ににじみ込《こ》んできたからである。ウサギの世界は乾《かわ》いた草原の単純《たんじゅん》な世界だし、サルの世界は多様で*豊潤《ほうじゅん》な森のそれだ。その棲《す》み替《か》えが私の心の中で起こったのである。

人の顔を覚えるのに、私たちはホクロがあるから誰《だれ》それだといった覚え方をしない。直感的に全体像を捉《とら》え認知《にんち》するが、サルの場合も同じである。サルの群れの中にいてサルの放つ雰囲気を身につけると、かれらの顔、④姿《すがた》をひと目見るだけで、誰かということがわかるようになる。重要なことは群れが醸《かも》し出す雰囲気を、自分の肉体を通じて感受することであって、これは理屈《りくつ》ではない。群れの中に浸《ひた》り、かれらと生活の場を同じくすることによってのみ感得し得《う》るものである。

相貌《そうぼう》認知という、いまだに学問的に解決されていない人間の認知能力がある。ひと目でサルの個体がわかるのは、この相貌認知の作用によるものであろうが、系統《けいとう》と生活感情の共通という、きわめて原始的な感覚のうえに、相互《そうご》に通じ合う感情のチャンネルができる必要があるらしい。このチャンネルによってサルの生活を実感的に感知することが、私のいう共感法なのである。

共感法は個体識別法に基礎《きそ》を置き、そこから発展《はってん》したものである。人間の個体の面白《おもしろ》さに魅《ひ》かれるのと同じく、サルの個体の面白さに魅力《みりょく》を感じなければ共感法は成立し得ない。その根底には、⑤サルを人間より下のものと見下さない心情がある。

こうした方法には根本的に疑念《ぎねん》をもつ人があるだろう。特に外国の学者はこの方法に驚《おどろ》き、次いで俄然《がぜん》批判《ひはん》を加えてきた。すなわち、これは擬人《ぎじん》主義に陥り、客観性を損《そこな》うというのである。かれらは可能な限り自分たちによって自然をみださないように配慮《はいりょ》するのを原則とし、*天幕《てんまく》にこもってブラインドを通して野生動物を観察するなどの方法を工夫《くふう》していた。みな観察者の存在《そんざい》による妨害《ぼうがい》をなくすためであった。

この方法は従来《じゅうらい》のそのような⑥欧米《おうべい》流の方法に対する明らかな挑戦《ちょうせん》だった。われわれは群れの中に積極的に入り込むことによって、むしろ客観性を確立し得たと考えている。

（河合雅雄《かわいまさを》「学問の冒険《ぼうけん》」）

＊絢爛＝きらびやかで美しい様子。
＊豊潤＝豊かでうるおいがあること。
＊天幕＝テントのこと。

(1) ――①「穴のあくほど……現われる」とありますが、これについて次の各問いに答えなさい。

① 人が人を識別できるのは、このような特徴を覚えるのではなく、どのようにするからですか。「～から。」に続く形で、文中から十四字でぬき出しなさい。

□□□□□□□□□□□□□□ から。

② サルの場合でも、①のようなことができるようになるには、どうすることが必要ですか。

（　　　　）

ヒント 筆者がどのようにしてサルの個体識別ができるようになったか考えよう。

(2) ――②「右□左□」の□の中には同じ漢字が入ります。□に入る漢字一字を答えなさい。

□

(3) ――③「その自信」とは、どのような自信ですか。そのような自信を持った理由もわかるように、文中の言葉を使って答えなさい。

（　　　　）

ヒント 前に「自信」とよく似た意味の「自負」があることに注目しよう。

(4) ［④］にあてはまる言葉として最も適切なものを次から選び、記号で答えなさい。

ア ところが　　イ あるいは
ウ だから　　エ たとえば

（　　）

(5) ――⑤「サルを人間より下のものと見下さない心情がある」とありますが、筆者がこのような心情をもっていることは、どのような点からわかりますか。最も適切なものを次から選び、記号で答えなさい。

ア サルのそれぞれの顔を覚えて見分けようとしている点。
イ ウサギより、サルの世界は多様で豊潤だとしている点。
ウ サルには人間の顔を識別できる能力があると考えている点。
エ サルの生活を尊重《そんちょう》し、きょりをとって観察している点。

（　　）

(6) ――⑥「欧米流の方法」とは、どのような方法ですか。文中の言葉を使って答えなさい。

（　　　　）

ヒント 具体例ではなく原則をまとめよう。

（開智中―改）

説明文・論説文《ろんせつ》(3)

➡解答は69ページ

月　日

1 **次の文章を読んで、あとの問いに答えなさい。**

いまは、モノも人も、経済《けいざい》も情報も、国境をさまざまに行き交《か》うようになりました。国の内から外へ、また国の外から内へ、往《ゆ》き来することがごく普通《ふつう》のことのようになってきた。けれども、①言葉はどうだろうかと考えるのです。

言葉は人の生活の日常に深く結びついています。それだけに、おたがいの日常を親しく固く結び合わせるようになればなるほど、それぞれの人にはっきりとした限界を背負《せお》わせるのも、言葉です。それぞれの国にとっての国語のように、それぞれを深く結び合わせると同時に、言葉は、それぞれにその言葉の限界を背負わせずにいないのです。

②言葉以上におたがいを非常に親しくさせるものはありません。にもかかわらず、その言葉を共有しないとき、あるいはできないとき、知らない国のまるで知らない言葉がそうであるように、言葉くらい人をはじくものもありません。際《きわ》立って親和的にもなれば、際立って排他《はいた》的になるのも、言葉です。

けれども言葉には、③もう一つの言葉があります。在り方も、はたらきも異《こと》なる、別の言葉。ないもの、ここにないもの、どこにもないもの、誰《だれ》も見たことのないもの、見えないもの、そういうものについて言うことができる言葉です。

たとえば、④という言葉。④という言葉は誰でも知っていますが、実際に、④というものをこれが④だと、⑤を指すように、⑥を指すように、これが④だと指すことはできません。⑦という言葉もおなじです。⑦ということを知っていても、⑦というものを、この目で見たことはないのです。

そのように、心のなかよりほか、どこにもないものについて言うことのできる言葉があります。自由。友情。敵意。憎悪《ぞうお》。そういった言葉は、誰も見たことがないけれども、そう感じ、そう考え、そう名づけて、そう呼《よ》んできた、そういう言葉です。

国境を越《こ》える言葉、あるいは越えられる言葉ということを考えるとき、じつは国境を越える言葉というのは、このないものについて言うことのできる言葉ではないだろうかと思うのです。

国境を越えるというのは、外国の言葉をいくらか覚えるというのとは違《ちが》う。ないもの、見えないもの、その言葉でしか感得できないものを、国と言葉を異《こと》にするおたがいのあいだでどんなふうにもちあえるか、ということだと思うのです。

自由という言葉について思いめぐらすとき、わたしたちは自由という言葉はどこからやってきたか、考えます。自由を見た人はいない。机《つくえ》の上に転がっているものでもないし、公園にゆけばあるというものでもない。店で買えるものでもない。⑧、わたしたちは自由という言葉を知って、自由という言葉を通して、自由というものを感得し、そう感じられる感覚をそう呼んで、そう名づけて、その言葉を自分のものにしてきました。

そして思うことは、日本語の自由という言葉に表され、わたしたちがその言葉によって感じとることのできる感覚を、異なる国々で、違う土地で、いま、おなじように、それぞれの国の言葉、土地の言葉で、自由と呼び、自由と名づけて、おなじに感じている人びとがいるだろう、ということです。

⑨そういう確信を可能にするのが、国境を越える言葉のちからであり、そのようにそれぞれの言葉を通じて、おたがいを繋《つな》ぐべき⑩大切な概念《がいねん》を共有することが、じつは言葉を異にするおたがいの共生を可能にしてゆくのだ、というふうに思うのです。

（長田《おさだ》　弘《ひろし》「なつかしい時間」）

(1) ――①「言葉はどうだろうか」とありますが、筆者はどのように結論《けつろん》づけていますか。最も適切なものを次から選び、記号で答えなさい。

ア どのような言葉であっても、それが言葉である限り、国境を越えていくことができる。

イ モノや人、経済や情報などとは異なり、言葉は国境を越えることはできない。

ウ 今は国境を越えることはできていないが、将来《しょうらい》は越えていく可能性を持っている。

エ 言葉そのものというよりも、言葉の持つ概念が国境を越えることがある。

（　　）

(2) ――②「言葉以上に……人をはじくものもありません」とありますが、どういうことですか。その説明として最も適切なものを次から選び、記号で答えなさい。

ア 毎日をいっしょに過ごしていることから仲間意識が生まれる一方で、すごしていない人を敵だと感じてしまうということ。

イ 共通の言葉を使っているうちに考え方まで似てくる一方で、あまりに似すぎてきて他の考え方ができなくなってくるということ。

ウ 国境の内側の人たちに同じ国民として友情を感じる一方で、国境の外側の人たちとは縁《えん》遠く感じるということ。

エ 同じ言葉を使っている者同士という一体感が生まれる一方で、使っていない人との間に壁《かべ》を作ってしまうということ。

（　　）

(3) ――③「もう一つの言葉」とはどういう言葉ですか。文中から十八字で探《さが》し、はじめとおわりの五字をぬき出しなさい。

□□□□□ ～ □□□□□

(4) ④～⑦のうち、⑤と⑥にあてはまる言葉として最も適切なものを次から選び、それぞれ記号で答えなさい。ただし、順番は問いません。

ア 愛　イ 印象　ウ 草花　エ 社会

オ 世界　カ 机　キ 幸せ

⑤（　　）⑥（　　）

(5) ⑧にあてはまる言葉として最も適切なものを次から選び、記号で答えなさい。

ア すると　イ さらに　ウ しかし　エ なぜなら

（　　）

(6) ――⑨「そういう確信」とは、どのようなことに関する確信を指していますか。文中の言葉を使って答えなさい。

（　　　　　　　　　　）

ヒント 指示語が指す内容を探すときは、まず直前の内容をみよう。

(7) ――⑩「大切な概念を共有する」とできることを説明した次のあ・いにあてはまる言葉を、文中から三字以内でそれぞれぬき出しなさい。

・他の言語を使う人にも あ にならず、 い できるようになる。

あ □□□　い □□□

（浦和実業学園中―改）

説明文・論説文《ろんせつ》（4）

解答は69ページ

月　日

1 次の文章を読んで、あとの問いに答えなさい。

インターネットは、自分で何かを発見した人が、自分では調べられない情報を得たり、自分が得た推測《すいそく》を確実なものにしたりするために利用するのはいいのです。

[①]、カエルとはどんな生き物かという本質がわかっている人が、「北海道《ほっかいどう》にはどんなカエルがいるのか」を調べるのはいい。北海道にいるカエルをすべて自分で調べるのは大変ですから、研究者の知識に助けてもらうのは便利な方法です。

[②]、今の子供《こども》たちは、「カエルとはどんな生き物か」という基本的なことからすぐにインターネットで調べてしまう。これがいちばんいけないのです。自分でカエルを捕《つか》まえれば、カエルというのは、どういう肌触《はだざわ》りで、どういうところに棲《す》んでいるのかがわかります。でも、「カエルは両生類でどういうところに棲《す》んで云々《うんぬん》」ということをインターネットで調べただけで済《す》ませてしまったら、結局何もわかっていないのと同じ。「カエルとはどういう生き物なんだ？」という問いへの答えは、自分で見つけなくてはだめなのです。

アマガエルは、草のあるところや、家のガラスなどにくっついていて、飛んでくる虫をぱくぱく食べています。それを見つけたときに、「カエルは水辺にいるのかと思っていたのに、なんでここにいるんだろう？」と考える。エゾアカガエルの卵《たまご》を見つけたら、「じゃあ、アマガエルの卵はどこにあるのだろう？」という疑問《ぎもん》を持つ。こうして不思議に思うことが大切なのです。インターネットでアマガエルの基本情報を読むだけであれば、考えることもなくなってしまいます。ましてや、自分で答えを考えて推察して、それが当たっていた！　という喜びを味わうことなどできないでしょう。③これは、便利な道具を手に入れた人間にとって大きな代償《だいしょう》になっていると思います。

覚えていてほしいのは、インターネットに情報を載《の》せているのはわれわれ人間なのだということ。誰《だれ》かが自分のわかっていることを情報として載せているにすぎません。つまり、インターネットの情報を得たところで、その人の知識を超《こ》えることはないのです。

それから、インターネットを見ても「[④]こと」しかわかりません。インターネットだけを見ていたら「[⑤]ことがない」と勘違《かんちが》いしてしまうでしょう。それが子供たちにとっていちばん危険《きけん》なことです。⑥インターネットの知識だけを得て、それでわかったつもりになったら、その子供にとってこんなに不幸なことはありません。

僕《ぼく》は、子供の頃《ころ》、小さな爬虫類《はちゅうるい》図鑑《ずかん》を持っていました。その図鑑には、「北海道に生息するトカゲはカナヘビだけ」と書いてあったのですが、僕はある日、ニホントカゲを見つけたのです。図鑑が間違えていたことを発見したときの喜びがわかりますか？　ニホントカゲを見つけたのは、その一回だけでなく、その後もいろいろなところで見たので生息することは確かでした。現にその図鑑も今では改訂《かいてい》されています。でも、この発見は、僕が実際にいろいろなところを歩き回っているからこそできたことです。いつもインターネットだけを見ていたら、実際に見たことを間違いだと思って、誰かが持ち込《こ》んだものじゃないかと疑《うたが》うかもしれません。⑦こわいのは、自分が見たもの、目の前の事実を否定《ひてい》するようになること。情報に操《あやつ》られていると、自分の見たことのほうが正しいと信じ切れないのです。そして、＊大家《たいか》とか権威《けんい》だけを信用するようになってしまいます。（小菅正夫《こすげまさお》「旭山《あさひやま》動物園園長が語る　命のメッセージ」）

＊大家＝ある分野において、すぐれた見識や技能を持っている人。

(1) ①・② にあてはまる言葉として最も適切なものを次から選び、それぞれ記号で答えなさい。

ア すると　イ それに　ウ ところが

エ または　オ つまり　カ たとえば

①（　）②（　）

(2) ――③「これは、便利な道具を手に入れた人間にとって大きな代償になっている」とありますが、ここでいう「便利な道具」とはどのようなものですか。最も適切なものを次から選び、記号で答えなさい。

ア すでに自分で考えている人以外にはその利用に注意が必要な道具。

イ 誰もがわかっていることを無償で提供《ていきょう》してくれるありがたい道具。

ウ すでに知られた情報を載せているだけの限られた使いづらい道具。

エ 研究者が自分ではすべてを調べられないときに助けてくれる道具。

（　）

ヒント 他の「便利な」という言葉にも注目して何のことかを考えよう。

(3) ④・⑤ にあてはまる言葉の組み合わせとして最も適切なものを次から選び、記号で答えなさい。

ア（④ わからない　⑤ わかった）

イ（④ わかった　⑤ わかった）

ウ（④ わからない　⑤ わからない）

エ（④ わかった　⑤ わからない）

（　）

ヒント 「インターネット」で得られるのは、どのような情報かな。

(4) ――⑥「その子供にとってこんなに不幸なことはありません」とありますが、なぜ「不幸」なのですか。文中の言葉を使って答えなさい。

（　）

ヒント 前のアマガエルの例から、インターネットでは味わえないことを読み取ろう。

(5) ――⑦「こわいのは、自分が見たもの、目の前の事実を否定するようになること」とありますが、なぜ目の前の事実を否定するようになってしまうのですか。最も適切なものを次から選び、記号で答えなさい。

ア 目の前の事実を信じることは危険だと思っているから。

イ 情報に操られ実際の経験に基《もと》づいた判断をしていないから。

ウ 改訂される前の図鑑には書いていないことだったから。

エ 自分が見たものより権威のあるものが真実であるから。

（　）

(6) 本文の内容として最も適切なものを次から選び、記号で答えなさい。

ア 生きるための知識を獲得《かくとく》するにはインターネットは便利な手段《しゅだん》であるので、できる限り活用すべきである。

イ インターネットの情報は自分で考えるきっかけを作ってくれるという反面、たよりすぎると考える力がつかない。

ウ 疑問を持ったり発見したりするには実際に経験することが必要で、それは自分の見たものを信じることへつながる。

エ インターネットの情報よりも、間違っている情報は訂正される図鑑を見た方が考える力を育てることができる。

（　）

（昭和学院秀英中―改）

説明文・論説文《ろんせつ》(5)

↓解答は70ページ

月　日

1 **次の文章を読んで、あとの問いに答えなさい。**

僕《ぼく》たちは、聞き手の理解の枠組《わくぐ》みの見当をつけながら、聞き手にわかってもらえるような説明の仕方を選びつつ自己《じこ》を語るのだ。ゆえに、①新たな出会いというのは、新たな自己の語り方を導き出すという意味において、僕たちにとってとても重大な影響《えいきょう》をもつ出来事だと言える。

このように考えると、僕たちの生きている②自己物語の生成には、出会いのような偶然《ぐうぜん》的要因が色濃《こ》くからんでいることがわかる。

たまたま身近に接するようになった相手との語り合いを通して、一定の方向づけが行われていく。その相手が故意にこちらの自己物語を一定の方向に組み換《か》えようと意図するのではなくても、その相手が納得《なっとく》した反応を返してくれるように、その相手にとってわかりやすい語り口をさぐりつつ自己を語っているうちに、いつのまにか自己物語はその相手の生きる文脈を取り入れた方向に変化している。

つまり、生き方を揺《ゆ》さぶられるような出会いというのは、自分の人生に関してこれまでとは違《ちが》った振《ふ》り返り方を可能にしてくれるような出会いのことである。振り返り方が変わることで、自分の人生史上の諸々《もろもろ》のエピソードのもつ意味や人生史の流れに変化が生じる。その結果、自分の生《お》い立ちのもつ意味、生い立ちに対して自分自身が感じるところが微妙《びみょう》に変わってくる。ときには、一八〇度変化することさえある。自己への気づきとか、新たな自己の発見などと言われる現象は、このようにして起こるのである。

生い立ちというと、今さら変えることのできないもの、過去の事実として固定されてしまっているものといったイメージをもつ人が多いかもしれない。[③]、出会いによる自己物語の組み換えという観点からすれば、同じ人物の生い立ちも、聞き手の聞き方によって、さまざまな色合いをもつものに語り分けられるということになる。生い立ちとして語られるエピソードの選択《せんたく》やその意味づけが、聞き手に納得し共感してもらうという目的のもとに変化していくのだ。

語り合いの中で、相手にわかってもらうように説明するのは当然のことである。また、相手によって同じ出来事でも違った説明の仕方をしないと納得してもらえなかったり共感してもらえなかったりすることがあるというのは、幼《おさな》い頃《ころ》からだれもが経験済《ず》みのことである。けれども、相手による語り分けというのは、ほぼ自動化しており、改めて意識されることはない。ゆえに、僕たちはだれでも自己物語を相手によって微妙に語り分けているのであり、新たな出会いによって新たな自己物語が生成しはじめることがあるのだ。

居酒屋で高校時代の友だちと一緒《いっしょ》に盛《も》り上がっているとき、後ろのテーブルに職場の同僚《どうりょう》がいたりしたらどうだろうか。気づいたとたんに、照れというか、ばつの悪さというか、何とも言えない気まずさを感じざるを得ない。べつに職場のことを話題にしていたわけではなくても、ちょっとした困惑《こんわく》を意識するのがふつうだろう。

それはなぜかと言えば、④僕たちは相手によって見せている自分が多少ずれているからだ。高校時代の友だちに見せている自分と職場の同僚に見せている自分のどちらがほんとうでどちらが嘘《うそ》というのでなくても、相手によって見せている自分が多少ずれていて、自己を語る仕方にも多少の違いがあって当然なのだ。

目の前の相手によって自分が変わるから、自分は多重人格なのではないかと相談にくる人もいるけれども、そういう意味では、だれもが多重人格者なのだ。⑤相手がだれであっても一定の自分を出しているほうが、よっぽど浅い自分しか出せないのっぺらぼうのような得体《えたい》の知れない人と言えるのではないか。

（榎本博明《えのもとひろあき》「〈ほんとうの自分〉のつくり方―自己物語の心理学」表記を一部改めた箇所《かしょ》がある）

(1) ――①「新たな出会いというのは……重大な影響をもつ出来事」とありますが、重大な影響をもたらす出会いとはどのような出会いですか。文中から三十五字以上四十字以内で探《さが》し、はじめとおわりの五字をぬき出しなさい。

□□□□□ ～ □□□□□

(2) ――②「自己物語の生成には、出会いのような偶然的要因が色濃くからんでいる」とありますが、新たな出会いによって新たな自己物語が生成しはじめるのは語り手がどのようにするからですか。「意識」「相手」という二つの言葉を使って答えなさい。

（　　　　）

(3) ③にあてはまる言葉として最も適切なものを次から選び、記号で答えなさい。

ア だから　イ しかし　ウ そして　エ たとえば　（　）

(4) ――④「僕たちは相手によって見せている自分が多少ずれている」とありますが、なぜですか。最も適切なものを次から選び、記号で答えなさい。

ア 相手が自分に対して望んでいる姿《すがた》を相手に応じて作り演じているから。

イ 自分をはっきりつかんでおらず自分という存在《そんざい》がおぼろげであるから。

ウ それぞれの相手に対してふさわしい自分が違う形で存在しているから。

エ 自分を相手によって語り分けることで多様な自己物語を楽しめるから。

（　）

(5) ――⑤「相手がだれであっても一定の自分を出しているほうが……得体の知れない人と言えるのではないか」とありますが、なぜですか。最も適切なものを次から選び、記号で答えなさい。

ア 人はみな様々な側面を持っており、相手に合わせたり影響を受けたりして自身が変化し、相手によって異《こと》なる側面を見せることが当然であるから。

イ どんな相手を目の前にしても自分が変化しないということは、嘘の自分がおらず、ほんとうの自分だけが存在していることになり異常《いじょう》であるから。

ウ 誰が相手でも一定の自分を出す人とは考えが浅く思いやりのない人物であり、一般《いっぱん》的には相手にわかりやすく自己を語るよう配《はい》慮《りょ》するのが自然であるから。

エ 相手により変化する複数の自分をもつことで確固とした自己物語は作られるのに、自己を一定に保ち、より良い自己物語を作らないのは不自然であるから。

（　）

（中央大附属横浜中―改）

ヒント 筆者は「多重人格者」の方を評価していることに気づこう。

月　日

時間 20分 [はやい15分 おそい25分]
合格 80点
得点 点

↓解答は70ページ

❶ **次の文章を読んで、あとの問いに答えなさい。**

「うちの子はこのごろ毎日、夜、十二時ごろまで勉強しますの」と自慢《じまん》げに話している母親がいた。きいている方でも感心しているようであった。もののわかっていそうな人たちであるが、①勉強のしかたは、まるでわかっていない。

頭を働かせるのは、体を働かせるのとすこし違《ちが》って、タイミングということが大切である。いつでも、一時間なら一時間で、同じことができるとは限らない。よい時間でxのことができるとして、条件のわるいときだと、同じ時間をかけてもxの半分くらいしかできないかもしれないのである。②夜中に、いくら長い時間勉強しても、たいしたことはない。

ヘルムホルツといえばドイツの大学者で、生理学、物理学でたいへんな業績を上げた人だが、論文《ろんぶん》はほとんど朝、書いた。それに、「何年何月何日、朝、床《とこ》の中にて執筆《しっぴつ》」と書き入れたりしたので、朝の学者であることが世にひろく知られることになった。夜は書かなかったのではあるまいか。

イギリスの文豪《ぶんごう》ウォルター・スコットは、難《むずか》しい問題にぶつかると、きまって、「ひと晩《ばん》、寝《ね》させよう。明日の朝になれば答えは出るさ」と言ったと伝えられる。夜中の時間の知恵《ちえ》はしれている。③朝の金の時間を待とう、というのである。

菊池寛《きくちかん》は人生の達人であったが、④仕事のしかたにも独自の見識をもっていた。小説家が申し合わせたように、夜執筆していたのに、断固として夜を排《はい》し、「夜には一行だって書いたことがない。書こうとも思わない」と言い放った。心臓《しんぞう》が弱かったといわれる菊池寛だから、あるいは、いくらか健康のことを考えて朝型にしていたのかもしれない。

実際、人間の体は、夜おそくなると血圧が下がるようになっているらしい。もう活動しないで眠《ねむ》りなさい、という信号である。頭を働かせるのに血圧が下がっていたのでは話にならないから、体は無理をして血圧を上げようとするだろう。⑤これが体によいわけがない。年をとれば、心臓に異常《いじょう》を呈《てい》するようになるかもしれない。

朝の時間は金であるけれども、朝ならいつでもよいというのではない。腹《はら》いっぱい朝食をつめ込《こ》んだあとでは、いくら朝でも、金の時間とはいえない。銀でもなく、銅くらいである。

⑥満腹《まんぷく》時は頭を働かすのに適していない。健康な体は、ここで休息を求める。学校の昼の食事をすませたあとの午後の授業で、ものすごい睡魔《すいま》におそわれた経験はだれにもある。ああいう時間に、数学だの物理だのを勉強しようというのがそもそも間違っている。ゆとりある教育をいうなら、食後の一時間は昼寝の時間にでもしたらよいのである。

というわけで、食後の勉強はダメである。昔の人も言った。〝親が死んでも食休み〟。それをわきまえないで、食後すぐに机《つくえ》に向かうのがいかにも勤勉《きんべん》なように誤解《ごかい》する人がいる。

食後は消化に忙《いそが》しくて、頭の血のめぐりがわるくなる。逆にひどい空腹でも、気が落ち着かない。腹のことが気にならないのがベスト・コンディションということになる。

（外山滋比古《とやましげひこ》「ちょっとした勉強のコツ」）

(1) ——①「勉強のしかた」とありますが、これについて次の各問いに答えなさい。

① 筆者は勉強をする上で大切なことは何だと考えていますか。文中から五字でぬき出しなさい。（10点）

② この文章において、「勉強のしかた」がどのように誤解されていると筆者は述べていますか。次の㋐〜㋒にあてはまる言葉を文中から㋐・㋑はそれぞれ四字で、㋒は二字でぬき出しなさい。（5点×3—15点）

・㋐や㋑に机に向かうことが、㋒であると誤解されている。

㋐　㋑　㋒

(2) ——②「夜中に、いくら長い時間勉強しても、たいしたことはない」と同じような内容の一文を文中からぬき出しなさい。（10点）

（　　）

(3) ——③「朝の金の時間を待とう」とありますが、ここで用いられている表現技法として最も適切なものを次から選び、記号で答えなさい。（10点）

ア 体言止め　イ 比喩《ひゆ》法　ウ 擬人《ぎじん》法　エ 倒置《とうち》法

（　　）

(4) ——④「仕事のしかたにも独自の見識をもっていた」とありますが、菊池寛はどのような仕事の方法をとっていましたか。文中の言葉を使って答えなさい。（15点）

（　　）

(5) ——⑤「これ」が指している内容を、文中の言葉を使って答えなさい。（15点）

（　　）

(6) ——⑥「満腹時は頭を働かすのに適していない」とありますが、その理由がわかる一文を文中から探《さが》し、はじめの五字を答えなさい。（10点）

(7) この文章の内容と合っているものを次から選び、記号で答えなさい。（15点）

ア 少ない時間で効率よく勉強すれば、夜中に勉強しても朝と同じくらい身につくものである。

イ ヘルムホルツというドイツの大学者が、朝に勉強したほうが効率的で健康的であるという論文を書いた。

ウ 朝の時間であればいつでも、勉強にしても仕事にしても効率よくすませることができる。

エ 勉強をするときは、食後で満腹であったり逆に空腹すぎたりしないのがよい。

（　　）

（城西川越中—改）

1 次の文章を読んで、あとの問いに答えなさい。

〔清人《きよと》は、漆《うるし》工芸の仕事をすることにきめ、原田先生の弟子《でし》になった。〕

前もってたのまれていた品々を、いつものスーパーマーケットで買いもとめてから、美幸《みゆき》は原田さん宅《たく》へとどけに行った。原田さんの奥《おく》さんが生きていたときからの、美幸の役目だ。なんの苦労もない手伝いだが、宿題の多い日は少しだけおっくうになる。しかし、少しでも手助けになるならばと、美幸としては責任感さえいだいている。

玄関《げんかん》の戸をあけると、すかさず清人が出てきた。どうも①待ちかまえていたらしい。

いつものように美幸は靴《くつ》をぬぎかけたが、［②］清人が言った。

「ちょっと話があるんだ。そのまま表へ出てくれないか」

「なによ、どうしたの？」

「いいから。……いま話すよ」

そう言いながら、清人は美幸を［③］していっしょに玄関の外へ出た。

「いいかい。今日から、この家のことは全部ぼくがやるから、そう心得ておいてくれよ」

「なんなの、きゅうに」

「だから、もう買い物もお茶をいれるのも、いっさい、ぼくがやるって言ってんの」

「だれがきめたの、そんなこと？」

「ぼくさ。……あたりまえだろ。」

「あのね。お買い物は、あなたがたのまれたんじゃないでしょ？　それなのに、あなたなんかにことわられることはないわ」

「わかんないやつだな。ぼくは、ここに弟子入りしたんだぜ。むかしから、師匠《ししょう》の身のまわりのことは、弟子がやることになってんだよ」

清人は、④いつになく強引《ごういん》に言いつのった。まるで自分の城《しろ》に入ろうとする者を断固として排除《はいじょ》するというような姿勢《しせい》だった。美幸は買い物袋《ぶくろ》を清人の胸《むね》におしつけた。

「なによ、わからずやの子供《こども》みたい。そんなら勝手にすれば」

「ああ、わるいね、勝手を言って」

清人は、⑤ほっとしたように袋を受けとった。その顔をにらみつけ、美幸は顎《あご》をつきだした。

「もう知らないからね。……あなた、ほんとにお買い物なんかできるの？　先生においしいお茶をいれてあげれるの？」

「まあね、なんとかするよ」

「あとで泣きごとを言っても知らないわよ」

「ああ、だいじょうぶ。……じゃあね」

⑥清人は笑顔《えがお》でうなずいて、玄関の戸を後ろ手にしめた。美幸は腹立たしくてしかたがなかったが、どうすることもできなかった。

「清人くんなんか、漆にかぶれて泣きゃいいんだわ。……もう、大きらい」

ぷんぷんして門を出た。［⑦］だった買い物から解放されたというのに、⑧くやしさばかりがつのってくる。これはどうしたことか。

（内海隆一郎《うつみりゅういちろう》「みんなの木かげ」）

↓解答は71ページ

月　日

(1) ――①「待ちかまえていた」とありますが、清人はなぜ美幸を待ちかまえていたのですか。その理由を答えなさい。

（　　　　）

ヒント このあとの清人の発言に注目しよう。

(2) ［②］・［③］にあてはまる言葉として最も適切なものを次から選び、それぞれ記号で答えなさい。

ア はばむように　イ おすように

ウ かわすように　エ 感心したように

②（　）③（　）

(3) ――④「いつになく強引に言いつのった」とありますが、このことから清人のどのような気持ちが読み取れますか。最も適切なものを次から選び、記号で答えなさい。

ア 美幸に勝手を言ってしまったことに対する後悔《こうかい》。

イ 漆の仕事に本気で取り組もうとする強い決意。

ウ 原田先生がおこるのではないかという大きな不安。

エ やりたい仕事を美幸にとられたことに対する激《はげ》しいいかり。

（　）

(4) ――⑤「ほっとしたように袋を受けとった」とありますが、このときの清人の気持ちとして最も適切なものを次から選び、記号で答えなさい。

ア 美幸を心から納得《なっとく》させることができたことに満足している。

イ とりあえず自分の言い分が通ったことに安心している。

ウ 美幸がわがままを通してくれたことに感謝《かんしゃ》している。

エ 自分の要求をおし通したことを申しわけなく思っている。

（　）

(5) ――⑥「清人は笑顔でうなずいて、玄関の戸を後ろ手にしめた」とありますが、このことから清人のどのような様子が読み取れますか。最も適切なものを次から選び、記号で答えなさい。

ア 美幸がおこっていることにも気がつかないほど、漆工芸の弟子としての仕事に夢中になっている様子。

イ 自分のことをいつも気にかけてくれている美幸に感謝し、これ以上心配をかけたくない様子。

ウ 自分の提案で傷《きず》つけてしまった美幸のことが気になるが、弟子になった今は断《た》ち切ろうとする様子。

エ 弟子として一人でがんばる決心がゆらいでしまうので、美幸に早く帰ってほしいと願う様子。

（　）

ヒント 「後ろ手」とは背中《せなか》に回した手のこと。美幸の方を見ないで戸をしめていることに注意しよう。

(6) ［⑦］にあてはまる言葉を、文中から四字でぬき出しなさい。

(7) ――⑧「くやしさばかりがつのってくる」とありますが、それはなぜだと考えられますか。次の［あ］・［い］にあてはまる言葉を文中から［あ］は三字、［い］は二字でそれぞれぬき出しなさい。

・ずっと続け、［あ］さえ感じていた自分の［い］を、清人に強引にうばわれたから。

あ　　い

（桜美林中―改）

1 次の文章を読んで、あとの問いに答えなさい。

小学五年生の小木文弘《おぎふみひろ》(「僕《ぼく》」)は、友達の根岸雄二《ねぎしゆうじ》(雄ちゃん)と夏休みの間に、町のどこかにうまっているらしい不発弾《ふはつだん》を探《さが》していた。そこに転校生の高井《たかい》くんも加わったが、ささいなことで「僕」は雄二と言い合いになり、それ以来不発弾探しは中断して、「僕」は退屈《たいくつ》な夏休みを過ごしていた。

「根岸くんに連絡《れんらく》した？」

僕はかぶりついたスイカの種を口の中で選《え》り分けると、ほっぺたを膨《ふく》らませて庭の遠くへ種を吹《ふ》き出した。

「してない。向こうからだってこないし」

高井はスイカの種を手のひらに出すと、それをお盆《ぼん》の隅《すみ》に丁寧《ていねい》に置いた。

①「みんなで不発弾探し再開しよう。やぶの中だって探せばいい。ちゃんと蚊《か》に喰《く》われないように長袖《ながそで》のシャツとか着て、薬も用意して。それと、意地を張ってないで、根岸くんも誘《さそ》ってさ」

「意地なんか張ってねーよ。それに悪いのは雄ちゃんだし。なんで、オレが謝《あやま》んなきゃいけねーんだよ」

「小木くんに謝れなんて言ってないだろ。でも、みんなでやった方が効率もいいし、それに……」と、高井は言葉を切った。

「それに、なんだよ」

「それに……。みんなと一緒《いっしょ》の方が楽しいだろう？」

雄ちゃんに意地悪されていた高井が、一緒の方が楽しいなんて。僕は黙《だま》ったまま、また種を吹き出した。

「根岸くんは、確かにお調子者で、すぐ怠《なま》けるし、気分屋だと思うよ。それに、僕のことは嫌《きら》いだろうし……。でも、小木くんとはずっと友達なんだろ？」

「うん、まぁ。幼稚園《ようちえん》のときからな」

「だったら、余計だ」

「お前が気にすることじゃねーよ」

縁側《えんがわ》の前には、種を目当てに蟻《あり》がむらがり始めていた。

「羨《うらや》ましいって思ってたんだよな」

「はぁ？」

②思わずスイカを口に運ぶ僕の手が止まった。

「教室でもどこでも、君ら、いつも三人で楽しそうじゃないか」

「お前は迷惑《めいわく》そうな顔してたじゃねーか」

「ああ、あれは③ポーズさ」

僕が拍子抜《ひょうしぬ》けするほど、高井はあっさりと答えた。

「なんだ、それ？」

「僕は小さい頃《ころ》から、習い事ばっかりやらされてたから、放課後、誰《だれ》かと遊ぶこともなかった。クラスメイトはいたけど、気づいたら仲のいい友達がいない。こっちに転校してきても、実は一年で戻《もど》るって決まってるし。それに転校生だろ、仲間外れにされるのがいやだったんだな。どうせ、仲間外れにされるなら、自分から近づかないようにした方がカッコ良く見えるかなって思ったんだ。ほとんどの男子からは嫌われると思ってたけどさ。でも、君らがふざけてると楽しそうで、羨ましくてさ。なんかそんなの見ててムカッとすることもあったし、バカだなぁって思うこともあったけどさ。ほら、池跳《いけと》びだって」

↓解答は71ページ

月　日

「バカで悪かったな」

「でも、一緒に磁石《じしゃく》取りに行ったり、不発弾探したりするのって面白《おもしろ》かった。友達と遊ぶのって楽しいんだなって。ほら、小木くんがさ、お前も仲間だって言ってくれただろう。嬉《うれ》しかったな。だから、続けたいんだよ、仲間で不発弾探し」

以前ならきっと、キザなヤローだとムカついたのだろうけど、高井は妙《みょう》に素直《すなお》に喋《しゃべ》っている気がした。

「だから、根岸くんと仲直りしろよ。根岸くんが僕を嫌ったままでもいいからさ。明日は登校日だし、どっちみち学校で顔を合わさなきゃならないんだから」

「ああ、考えておく」

僕はそう言うと、またスイカの種を遠くへ吹き出した。

（森《もり》　浩美《ひろみ》「夏を拾いに」表記を一部改めた箇所《かしょ》がある）

(1) ――①「みんなで不発弾探し再開しよう」とありますが、「高井くん」がそう言ったのはなぜですか。文中の言葉を使って十五字以内で答えなさい。

(2) ――②「思わずスイカを口に運ぶ僕の手が止まった」とありますが、このときの「僕」の様子として最も適切なものを次から選び、記号で答えなさい。

ア「僕」たちと行動を共にしていた「高井くん」が、実は三人で一緒にいて楽しくないと感じていたことを知り、おどろいている。

イ「僕」たちに意地悪をされていたにもかかわらず、「高井くん」が「僕」と「根岸くん」の関係を心配していることがわかり感動している。

ウ 都会育ちの「高井くん」が、やぶの中にあるはずの不発弾を探しに行こうとさそうとは思っていなかったので感動している。

エ「高井くん」が、「僕」と「根岸くん」の関係を羨ましいと思っているなんて知らなかったので、意外でおどろいている。

（　　）

ヒント　高井くんの「羨ましい」という言葉にどう感じたのかを考えよう。

(3) ――③「ポーズ」とありますが、なぜ「ポーズ」をとっていたのですか。次の[あ]・[い]にあてはまる言葉を文中から[あ]は四字、[い]は八字でそれぞれぬき出しなさい。

・たとえ[あ]にされても、迷惑そうにする方が、[い]と思ったから。

あ

い

(4) この文章の特徴《とくちょう》として最も適切なものを次から選び、記号で答えなさい。

ア 多くのたとえの表現が夏を連想させ、爽快《そうかい》な友人関係を思わせる文体になっている。

イ 客観的な表現が多く取り入れられ、語り手が「僕」の思っていることを冷静に批判している。

ウ「僕」の視点《してん》から語られており、友人との会話の中で変化していく「僕」の心情がえがかれている。

エ 倒置《とうち》法が多く用いられており、読者に登場人物たちの感情が生き生きと伝わるようになっている。

（　　）

（大宮開成中―改）

⬇解答は72ページ

月　日

1 次の文章を読んで、あとの問いに答えなさい。

「これから昨日の宿題を調べる。みんな隣《とな》りの者と、帳面を取《と》り替《か》えなさい。宿題を忘《わす》れた者、手を上げなさい。」

三、四人がぐずぐずと手を上げた。益垣《ますがき》先生の大きな目が[①]光った。

「なあんだ、また百姓《ひゃくしょう》の子ばっかりだな。」

みんなうつ向いた。②農家から来ている生徒は、宿題をしてきた者までうつ向いた。益垣先生は、宿題を忘れてきた一人ひとりを睨《にら》みつけていたが、

③「権太、お前は今日も忘れたな。お前、一度だって宿題をしてきたことがあるか。学校へ来たら来たで、居眠《いねむ》りばかりして。」

井上《いのうえ》権太は、耕作の隣家《りんか》の子で、耕作と同じ沢《さわ》の*尋常科《じんじょうか》を卒業し、この春市街の*高等科に入ったのだ。井上権太の母は、三月ころから産後の肥立ちが悪いとかで、ぶらぶらしているのだ。だから権太は、飯を炊《た》いたり、赤《あか》ん坊《ぼう》のおしめを洗ったりしている。その上、母親の畠《はたけ》仕事まで代わってやっている。

「権太、お前、お前の学校の先生は、宿題しなくても、居眠りしても、怒《おこ》らなかったのか。」

お前の学校の先生はというところに、益垣先生は力を入れた。耕作は、[④]して益垣先生を睨みつけた。益垣先生は時々、*分教場の菊川《きくかわ》先生を悪く言ったり、笑ったりする。

「権太、宿題は必ずしてこい。これからは、してこない者を残すからな。」

権太はうなだれて答えない。

「だいたいだ。権太は毎日のように遅刻《ちこく》する。一体、学校を何と思ってる。お前たちの菊川先生は、学校は遅《おく》れてはならんと言ったことがなかったのか。」

また菊川先生が出た。宿題を忘れた他《ほか》の子には何も言わず、権太にだけ益垣先生の叱言《こごと》がつづく。

⑤「百姓というのは、学校の大切さを知らん。学問の大切さを知らん。それを知らせるのが、先生の役目だ。一人ぐらい成績のいい子をつくったって、何の手柄《てがら》にもならん。」

ちらっと、益垣先生は耕作を見た。耕作はうつむいた。

(あれは、俺《おれ》のことだ。)

小学校しか出ない菊川先生の教えた生徒たちは、町の生徒に、決して学力は劣《おと》らない。しかも今年は、事もあろうに耕作が旭川《あさひかわ》中学に一番で合格した。益垣先生も三月まで六年生を受け持っていたから、そのことがよほどくやしいのだろうと思う。

「権太、今日は罰《ばつ》として、お前一人で掃除《そうじ》当番をすれ。」

耕作は唇《くちびる》をかんだ。

⑥(ちきしょう。)

菊川先生に六年間習っていて、先生に対して「畜生《ちくしょう》」などと思ったことは一度もない。益垣先生は北海道庁《ほっかいどうちょう》の官員の息子《むすこ》だそうだが、菊川先生は、耕作たちと同じ沢の、農家の次男坊だ。第一、宿題などほとんど出さない。農家の子供《こども》たちが、朝早くから夜遅《おそ》くまで野良《のら》仕事に追われていることは、菊川先生自身がよく知っている。宿題をする時間など、

誰《だれ》にもない。居眠りをしたって、起こさないし、むろん怒りもしない。

「昨日の草取りで、くたびれたんだべ。」

菊川先生はそう言ってくれたものだ。学校が遅れても、

「仕事のきりがつかなかったんだべ。」

そうも言ってくれた。それでいて教え方はていねいできびしい。

ところが、高等一年になって、市街の学校に通うようになると、一分でも遅れると、すぐに殴《なぐ》られるか、立たされるかだ。益垣先生は遅れた理由を聞かない。遅れた者は寝坊《ねぼう》したからだと決めている。

「市街の者を見ろ、市街の者を。」

とよく言う。頭っから市街の者がよくて、農家の者を怠《なま》け者と決めているようだ。


（三浦綾子《みうらあやこ》「泥流地帯《でいりゅうちたい》」）


*尋常科＝旧制の初等教育が行われていた小学校。

*高等科＝尋常科を卒業したあとに通う高等小学校。

*分教場＝分校のこと。

(1) ［①］・［④］にあてはまる言葉として最も適切なものを次から選び、それぞれ記号で答えなさい。

ア ギロリと　イ ちらりと
ウ きっと　エ ぐっと
オ じっと　カ グラリと

①（　　）④（　　）

ヒント 睨むときの目の様子を想像しよう。

(2) ――②「農家から来ている生徒は、宿題をしてきた者までうつ向いた」とありますが、それはなぜだと考えられますか。最も適切なものを次から選び、記号で答えなさい。

ア 自分までしかられているような気持ちになったから。
イ 自分には全く関係のないことだと思ったから。
ウ 自分にとばっちりが来ないようにしたかったから。
エ 自分も宿題をしなければよかったと後悔《こうかい》したから。

（　　）

(3) ――③「権太、お前は今日も忘れたな」とありますが、権太はなぜ宿題をやってこないのですか。簡単《かんたん》に答えなさい。

（　　　　　　　　）

(4) ――⑤「百姓というのは、学校の大切さを知らん」とありますが、この発言から益垣先生はどのような考えを持っていると耕作は思っていますか。そのことを述べている一文を文中から探《さが》し、はじめの五字をぬき出しなさい。

□□□□□

ヒント 益垣先生の言動に注目しよう。

(5) ――⑥「ちきしょう」とありますが、耕作は益垣先生のどのようなところに腹を立てていますか。次の［あ］・［い］にあてはまる言葉を文中から［あ］は二字、［い］は四字でそれぞれぬき出しなさい。

・農家の子供たちが宿題を忘れたり遅刻したりする［あ］も確かめず、自分より成績のよい子を育てた菊川先生への［い］気持ちから、権太に罰をあたえるところ。

あ □□　い □□□□

（鎌倉学園中―改）

⬇解答は72ページ

月　日

1　次の文章を読んで、あとの問いに答えなさい。

全員ロビーに集合し、これから＊故宮《こきゅう》博物院へ行くためにマイクロバスに乗った。＊張《ちょう》さんは「故宮博物院は全部の物をじっくり見るためには何年もかかるほどいっぱいあります。できる限りたくさん見るために、今日は一日中博物館を見学しますか？」と言ったが皆《みな》、博物館は一時間ぐらいでいいからおいしい物を食べに行ったり買い物に行きたい、と言ったのでそうすることになった。参加者の中に一人も勉強熱心な人がいなくて本当によかった。全員気楽などうでもいいことばっかり好きなのだ。①張さんは少しガッカリしていた。でも、全員がそうしたいと言っているのだから仕方ない。

故宮博物院は混《こ》んでいた。我々《われわれ》は混んでいる場所は辛《つら》いからもっと見学時間を短縮《たんしゅく》しようと言い出し、三十分でバスに戻《もど》ることにした。たった三十分でも、色々な小さい小さい細工《さいく》を見て感動を得た。小さい物を完成させるまでに親子三代かけたりしているのだ。そんなことをした人達《ひとたち》がいるということだけでも感動する。

短時間に集中して感動を得た私《わたし》達はお腹《なか》がペコペコになり、評判の良い＊飲茶屋《やむちゃや》さんに直行した。ギョーザ類も饅頭《まんじゅう》類もメン類もどれもおいしくて次々食べた。

店の近くに甘栗《あまぐり》屋の屋台があり、木村さんがいつの間《ま》にか私のためにそこの屋台で甘栗を買っておいてくれた。私が、②人一倍甘栗が好きなのを彼女《かのじょ》は知っているからである。私自身、自分がそれほど甘栗好きなほうだと今までの人生の中で思ったことはなかったのだが、つい数日前、くいしんぼう同盟《どうめい》の人達と喋《しゃべ》っているとき、私が「甘栗を年間十回以上は買っている」と発言したところ、全員驚《おどろ》き「さくらさん、それは相当甘栗が好きなほうですよ」と口々に言い出した。考えてみれば、そんなに［③］甘栗を買うという人の話をきいたこともないし、誰《だれ》かにプレゼントされることもない。年間十回以上自分で甘栗を買っているなんて、かなり好きなほうだと言えるかもしれない。子供《こども》の頃《ころ》は甘栗を腹一杯《いっぱい》食べたいものだと切望していた記憶《きおく》もあるし、大人になってその夢を叶《かな》えて腹一杯食べたりもしている。そうか、私は相当甘栗好きだったのだ、ということをこのまえ話したので木村さんは買っておいてくれたのだ。

バスの中で、木村さんは甘栗をみんなに配り、「台湾《たいわん》の甘栗ってどんな味だろうねー」と言って食べたところ、それがすっっごくおいしかった。この甘栗通《つう》の私が言うのだから間違《まちが》いない。今まで日本国内で食べてきた甘栗には無かったおいしさがある。私は、ショックを受けた。ノックアウトとも言えるそのおいしさは今回の旅行のクライマックス的な要素があるほど重要だ。

読者の皆様は「なんだなんだ、またももこが甘栗ぐらいのことで大騒《おおさわ》ぎして。こいつ、いつもそうなんだよな。いちいち［④］で大げさに感《かん》激《げき》したりするんだ」と思っているかもしれないが、「ああ……」と私は皆様にこの甘栗のおいしさを、一人一人の舌の上で再現してあげられないことを本当に残念に思いため息をついてしまう。よっぽど甘栗が嫌《きら》いだと言う人を除《のぞ》き、これを体験すれば皆、私が言う感動の正確さがわかるであろう。

当然、バスの中は全員感動していた。「こんなにおいしい甘栗があったなんて…」という声が続々と車内を揺《ゆ》るがせた。ヒロシでさえ「ん、こりゃうめぇな」と思わず言った。⑤木村さんのお手柄《てがら》である。うちの社員でもないのにこんなに貢献《こうけん》してくれるなんて、日頃新潮社《しんちょうしゃ》でもきっとすこぶる役に立っているに違いない。

（さくらももこ「さくら日和《びより》」）

＊故宮博物院＝台湾の首都台北《たいぺい》にある博物館。
＊張さん＝現地の女性ガイドさん。
＊飲茶屋＝中華《ちゅうか》の軽食を出す店。

(1) ――①「張さんは少しガッカリしていた」とありますが、それはなぜだと考えられますか。次の[あ]・[い]にあてはまる言葉を文中からそれぞれぬき出しなさい。[あ]は二十一字、[い]は九字でそれぞれぬき出しなさい。

・故宮博物院には、[あ]くらい多くの展示物《てんじ》があり、せっかくなので、それらを[い]見てほしかったから。

あ
い

(2) ――②「人一倍甘栗が好き」と同じ内容を表す言葉を文中から三字でぬき出しなさい。

(3) [③]にあてはまる言葉として最も適切なものを次から選び、記号で答えなさい。

ア ちゃきちゃき　イ ざくざく
ウ うろうろ　エ ちょくちょく　（　）

(4) [④]にあてはまる言葉を文中から八字でぬき出しなさい。

ヒント この旅行の参加者たちの好きなことと同じ言葉が入るよ。

(5) ――⑤「木村さんのお手柄」とありますが、木村さんがどのような手柄をたてたかがわかる一文を文中から探《さが》し、はじめの五字をぬき出しなさい。

(6) この文章の場面で、筆者はどんな物に感動していますか。文中の言葉を使って二つ答えなさい。ただし、一つ目には「故宮博物院」という言葉を、二つ目には「日本」という言葉を使うこと。

一つ目（　）
二つ目（　）

ヒント 設問は、どんな「物に」とたずねていることに注意しよう。

(7) この文章の内容と合っているものを次から選び、記号で答えなさい。

ア 筆者たちはあきてしまい、故宮博物院の見学時間を短縮した。
イ 筆者は、子供の頃から自他共に認《みと》める、大の甘栗好きであった。
ウ 甘栗が嫌いな人も、木村さんの買ってきた甘栗は食べられた。
エ 木村さんは筆者の会社の社員ではないが、今回の旅行に参加した。
（　）

（東海大付属浦安中―改）

随《ずい》筆《ひつ》(2)

月　日

↓解答は73ページ

1　次の文章を読んで、あとの問いに答えなさい。

駅ということばも、おそらくすべての人にとって、さまざまな思い出を抱《いだ》かせているだろう。

わたしの、①そのひとつは子どものころ、父親の転勤《てんきん》にともなって東京から広島へ長旅をした時のことだ。［②］夜行列車で東京を発《た》った。寝台車《しんだいしゃ》がものめずらしく、最初のうちは喜んでいたが、いつか眠《ねむ》ってしまった。ガタゴトと伝わってくる振動《しんどう》も、この時にはむしろ快い体感だったと記憶《きおく》する。

と、ふと目がさめた。駅に停《と》まっている。そっとカーテンをあけて、小さな窓《まど》から外を見ると、まさに③眠っている夜の駅があった。［④］画《え》のようであった。

今にして思うことだが、わたしが好きなシュールレアリスムの画家、P・デルボーの画と似ている。彼《かれ》も鉄道少年だったといわれるように列車をよく描《えが》いた。

＊森閑《しんかん》として、人ひとりいないホームが白々と広がり、あたりを夜の闇《やみ》が包んでいた。どこだろうと思って看板《かんばん》をさがすと「きょうと」とあった。吊《つ》り下げられたホームの時計は、［⑤］十二時にふたつの針《はり》が重なろうとしていた。

「ああ、きょうとか」と⑥今までは地名でしかなかったものが、とつぜん風景となった。その印象が強烈《きょうれつ》だったのだろう。何か体が浮《う》くようになった実感を今でも忘《わす》れない。

そして、むかしの人の夜の駅はどうだったのだろうと思う。なにしろ駅という馬扁《へん》の字をいまだに使っているように、むかしは交通手段《しゅだん》としての馬を置いた所が駅だったのだから、プラットホームもない。風景はまったく別のはずだ。

そんな一筋《ひとすじ》の線をたどってみると、むかしの夜の駅を、芭蕉《ばしょう》の句から思い起こすことができる。

蚤虱《のみしらみ》　馬の尿《ばり》する　枕《まくら》もと

⑦有名な奥州《おうしゅう》の旅で芭蕉が国境の役人(封人《ほうじん》といった)の家に泊《と》めてもらった時のことだというし、＊尿前《しとまえ》の関を越《こ》えた後というから、駅ごとに旅を重ねていった途中《とちゅう》の感懐《かんかい》だとわかる(実際は庄屋《しょうや》に泊《とま》ったらしい)。

さあこちらは夜の駅の哀愁《あいしゅう》とは大違《おおちが》い。ノミ・シラミに食われるわ、馬は大きな音をたてて放尿《ほうにょう》するわと、騒々《そうぞう》しい。これより少し時代が後の『東海道中膝栗毛《ひざくりげ》』でも、馬子《まご》は馬と同居しているから、実際の経験でもあっただろう。

わたしもウィーンの路上で目の前の馬車をひく馬が、大量に放尿して思わず飛びのいたことがある。

それほどに哀愁とはほど遠いが、やはり苦笑しながら旅愁をかみしめている作者の姿《すがた》があるではないか。作者は躍起《やっき》になって［⑧］物をかき集めているようで、ほほえましい。

交通手段も変《か》わり、風景も一変しているが、ひとしく夜の駅体験が、旅情として流れているように思う。

移動しつづける旅の中で、ほんとうの旅を味わうのは一息ついた夜なのであろう。

夜の駅は、旅路の節目節目で、⑨旅情をまとめつづける場所ではなかったか。

（中西《なかにし》　進《すすむ》「夜の駅」）

＊森閑として＝ひっそりとして。
＊尿前の関＝現在の宮城《みやぎ》県の尿前にあった関所。

(1) ――①「そのひとつ」とは、何を指していますか。次のあ・いにあてはまる言葉を文中からそれぞれ三字以内でぬき出しなさい。

・あに関するいのひとつ。

あ［　　　］　い［　　　］

(2) ②・④・⑤にあてはまる言葉として最も適切なものを次から選び、それぞれ記号で答えなさい。

ア　まさに　イ　さらに　ウ　いわゆる
エ　かならず　オ　まるで　カ　おそらく

②（　）④（　）⑤（　）

(3) ――③「眠っている夜の駅」とは、どのような様子の駅を表していますか。その様子が書かれた一文を文中から探《さが》し、はじめの五字を答えなさい。

［　　　　　］

(4) ――⑥「今までは地名でしかなかったものが、とつぜん風景となった」について説明した次のあ～えにあてはまる言葉を答え、あ・えは最も適切なものをあとから選び、それぞれ記号で答え、いは五字、うは二字で文中からぬき出しなさい。

・あとしてその地名を知っていただけのものが、実際に京都で味わったいを通して、急にうをともなったえなイメージを抱くようになった、ということ。

ア　知識　イ　意識　ウ　趣味《しゅみ》　エ　空想
オ　学術的　カ　抽象的《ちゅうしょう》　キ　現代的　ク　具体的

あ（　）　い［　　　　　］　う［　　］　え（　）

(5) ――⑦「有名な奥州の旅」とありますが、この旅のことを記した紀行文集を答えなさい。

（　　　　）

(6) ⑧にあてはまる言葉として最も適切なものを次から選び、記号で答えなさい。

ア　身近な　イ　迷惑《めいわく》な
ウ　愉快《ゆかい》な　エ　下品な

（　）

(7) ――⑨「旅情をまとめつづける場所」とありますが、筆者はなぜ「まとめる」ではなく「まとめつづける」と言っているのですか。最も適切なものを次から選び、記号で答えなさい。

ア　むかしから今まで多くの旅人が夜の駅で同じようにまとめてきたから。
イ　旅の思いはさまざまで、たった一夜だけではまとめきれないから。
ウ　人生は旅なので、生きている間はずっとまとめることになるから。
エ　旅のつづく間、夜をむかえるたびにまとめていくことになるから。

（　）

（慶應義塾普通部―改）

ヒント　筆者がむかしの夜の駅について考えていることをおさえよう。

↓解答は73ページ

月　日

1 次の文章を読んで、あとの問いに答えなさい。

バリアフリーとかユニバーサルデザインといった①美しい横文字が世間を彩《いろど》る近年、皆《みな》さんもこうした言葉を耳にされたことがあるだろう。ご存《ぞん》じのように、バリアフリーを乱暴《らんぼう》にひと言で言うなら、「障害者《しょうがいしゃ》と健常者の間にある壁《かべ》を取り去ってしまおう」というところだろう。それをさらに発展《はってん》させたのがユニバーサルデザインというもので、これも乱暴に言えば、「健常者だけでなく障害者も高齢者《こうれいしゃ》も一つの商品で間に合うように工夫《くふう》しよう」ということになろう。

だがちょっと待ってほしい。いま*巷《ちまた》に氾濫《はんらん》しているこれらの美しいカタカナ言葉は、本当に②私《わたし》が夢見る方向を見つめているのだろうか。

バリアフリーというのは、本来「みんなが」バリアから解放されることを意味するはずである。ユニバーサルデザインとは、本来「みんなが」ハッピーになれる設備や商品のはずである。[③]視覚《しかく》障害者の目から見ると、どうもバリアフリーというよりは「車椅子《いす》対応」と言いたくなるようなケースが多い気がしてならない。道路の段差《だんさ》をなくしたり、車椅子で利用できるエレベーターが設置されたりすると、「バリアフリー施設《しせつ》」などと看板《かんばん》が立てられたりする。[④]ユニバーサルデザインというと、かなりのケースで「高齢者対応」と言えそうなものが見受けられる気がする。つまり、あるところで一部の弱者に配慮《はいりょ》が加えられているものを「バリアフリー」と謳《うた》ってしまうと、その一部の人々よりもさらに困《こま》っている人々にとっては大変中途半端《ちゅうとはんぱ》な配慮ということになって、かえって歯がゆい思いが強くなったりするように思えるのである。

たとえばエレベーターを考えてみると、たしかに車椅子対応のエレベーターにはたいてい点字のボタン表示がついていて、一見私たち*視障者にも配慮が加えられているかのように見える。だがしかし、本当はその上に⑤音声案内がついていなければ、現実に利用するにはかなり不安なのだ。車椅子・点字対応のエレベーターの中には、この音声案内のないものがときどき見受けられる。これでは、たとえ点字表示があっても、目の前にドアを開いたエレベーターが上に行くのか下に行くのか分からない。

つまり、私が見るところでは、⑥バリアフリーもユニバーサルデザインも、どこかに「穴《あな》」をもっているような気がするのである。そしていまのところ、私たち視覚障害者が、多くのケースでその「穴」にはまっていそうな気がする。本当は、その「穴」を少しでもなくして、初めて私が思う「元気な心のユニバーサル社会」が実現するような気がしてならない。そしてそうなるには、生産する人も消費する人も、もう一度⑦「発想」というものを見つめ直すことが大事なのではないかと強く思うようになったのである。

（三宮麻由子《さんのみやまゆこ》「目を閉《と》じて心開いて—ほんとうの幸せって何だろう」）

*巷＝世の中。世間。
*視障者＝視覚障害者のこと。

(1) ――①「美しい横文字」とありますが、ここでの「美しい」の意味について説明したものとして最も適切なものを次から選び、記号で答えなさい。

ア 新しい　イ 使いやすい
ウ リズムがよい　エ 印象がよい

（　　）

(2) ――②「私が夢見る方向」とありますが、「私」はどのような社会の実現を夢見ているのですか。文中から十三字でぬき出しなさい。

□□□□□□□□□□□□□

(3) ③・④にあてはまる言葉として最も適切なものを次から選び、それぞれ記号で答えなさい。

ア それゆえ　イ たとえば　ウ また
エ ところが　オ そして　カ さて

③（　　）④（　　）

(4) ――⑤「音声案内がついていなければ、現実に利用するにはかなり不安なのだ」とありますが、それはなぜですか。文中の言葉を使って答えなさい。

（　　）

(5) ――⑥「バリアフリーもユニバーサルデザインも、どこかに『穴』をもっているような気がする」について、次の各問いに答えなさい。

① ここでいう「穴」とは、どのようなことを表していますか。最も適切なものを次から選び、記号で答えなさい。

ア 不備　イ 不毛
ウ 不快　エ 不利

（　　）

② このように筆者が考えるのはなぜですか。その理由について説明した次のあ・いにあてはまる言葉を文中からあは五字、いは七字でそれぞれぬき出しなさい。

・バリアフリーやユニバーサルデザインを謳った設備や施設は、あにとっては助かるものではあるが、他の人たちにはいになっているから。

あ □□□□□
い □□□□□□□

ヒント「その『穴』」が指している内容を読み取ろう。

(6) ――⑦「発想」とはどのような考えですか。文中の言葉を使って答えなさい。

（　　）

(7) この文章について説明したものとして最も適切なものを次から選び、記号で答えなさい。

ア 全く見当はずれの対応によってみんなが困っていることを、ユーモアを交えて説明している。
イ もともとの発想からずれてしまっている実情を、具体的な例を挙げながら読み手に伝えている。
ウ 健常者と障害者や高齢者との間にある常識のちがいを、それぞれの意見とともに示している。
エ 世間が求め、満足する商品を開発する難《むずか》しさを、商品を生産する側から述べている。

（　　）

（逗子開成中―改）

19日 まとめテスト (3)

月　日

時間 20分【はやい15分 おそい25分】　合格 80点　得点　点

↓解答は74ページ

❶ 次の文章を読んで、あとの問いに答えなさい。

　高等工業の学生になった頃《ころ》には、勤労奉仕《きんろうほうし》というものがありました。授業を受けるかわりに、河原《かわら》の石を運んだり田んぼで作業を手伝ったりするのです。

　大学に入ってからは、工科系《けい》大学でしたので、工場に行って大学の教授がやっている実験を手伝ったり、小さなプラント(物を作るための設備)をつくったりということをやりました。これは徴用《ちょうよう》動員といって、職業をもっている人と同じように給料をもらっていました。

　こういうことをしていたのは、もちろん日本が太平洋戦争に入ったからです。

　だから実際には①社会の動きに関係していたわけですが、勤労奉仕も徴用動員も、やれと言われたことをやるだけですし、田んぼの稲刈《いねか》りとか化学の実験とかをやっているときに、それが時代の流れとか、社会の動きとかにつながっているという実感は＊如実《にょじつ》ではないわけです。

　だから、自分個人のやっていることと、②そのときの社会との関係については、何も考えていませんでした。

　③自分と社会との関わりについて考えたことがなかったというのは、とても大きな失敗でした。今でも「あれはミスだったな、まずかったな」と後悔《こうかい》しています。

　なぜかというと、敗戦という現実に直面したときに、天地がひっくり返るくらいの衝撃《しょうげき》を受けてしまったのです。ぼくの人生の中で最大の衝撃で、それを乗り越《こ》えるために何年もかかりました。

　ぼくは日本が戦争に負けるなどということを、まったく予想もしていませんでした。それがある日突然《とつぜん》、無条件降伏《こうふく》だという。そんな馬鹿な、昨日までは絶対に勝つと言っていたじゃないかと信じられない思いでした。

　昭和二十年の八月十五日に、動員先でみんなが集められて、玉音放送《ぎょくおん》を聞きました。玉音放送とは、天皇《てんのう》が、日本は戦争に負けたのだということを国民に向かって宣言《せんげん》したラジオ放送です。

　日本は負けたんだ――そのことを理解したときは、立っていられなくて、前につんのめりそうになりました。

　なぜ、つんのめるほどの衝撃を受けたのか。

　戦争中ぼくは、世の中の動きをまったくつかんでいなかった。自分の興味があること、自分の生活に直接影響《えいきょう》してくることだけを見ていればいいと思っていた。だから自分とは関係のないところで社会がひっくり返ると、お手上げになってしまったわけです。

　自分にはどうにもならないところで、世の中が１８０度変わってしまう。そういう経験をすると、大きな衝撃を受けると同時に、生きていること自体が虚《むな》しくなってしまいます。

　玉音放送を聞いたときのぼくは、まさにその衝撃と虚しさの中に突然、ほうり込《こ》まれた状態だったのです。

　そのとき以来、ぼくは今までつねにこう思ってきました。今世の中がどうなっているか、どんな方向に動いているのかを、いつも自分なりにつかんでおくべきだ。そうでないと、自分の意志とは関係ないところで社会に大変動が起こったとき、とんでもないことになってしまうぞ、と。

　大切なのは、今の時代のすがたを自分で判断することです。

それが間違《まちが》っていてもかまいません。いつも世の中の動きを見て、考えて、「俺《おれ》はこう思う」とか「私《わたし》はこんなふうにとらえている」などという自分なりの理解をもっておく。そうすれば、何か大きな変化が起こっても、少なくとも敗戦のときのぼくのように、途方《とほう》に暮《く》れて何が何だかわからなくなるということにはならないのではないでしょうか。

（吉本隆明《よしもとたかあき》「13歳《さい》は二度あるか―『現代を生きる自分』を考える」）

＊如実＝事実の通りであること。現実のままであること。

(1) ――①「社会の動きに関係していた」とありますが、このように言えるのはなぜですか。文中の言葉を使って二十五字以内で答えなさい。（20点）

(2) ――②「そのときの社会」は、どのような状況《じょうきょう》でしたか。文中から三字でぬき出しなさい。（15点）

(3) ――③「自分と社会との関わりについて考えたことがなかったというのは、とても大きな失敗でした」について、次の各問いに答えなさい。

① この頃の筆者は、「自分と社会との関わり」についてではなく、どのようなことについてだけ考えていればよいと思っていましたか。文中から二十七字で探《さが》し、はじめとおわりの五字を答えなさい。（15点）

～

② なぜ失敗だったのですか。その理由について説明した次の あ ～ う にあてはまる言葉を文中から あ は六字、い ・ う は二字でそれぞれぬき出しなさい。（10点×3―30点）

・自分と社会との関わりについて考えたことがなかったので、 あ をまったく把握《はあく》できておらず、日本の敗戦も い していなかったために、敗戦を知って大きな う を受けてしまったから。

あ

い

う

(4) 筆者の考えに合っているものを次から選び、記号で答えなさい。（20点）

ア 生きる虚しさを乗り越えるためには、やるべきことをせいいっぱいやるようにするのがよい。

イ 社会の大きな変化に備えて、自分には関係のないことであっても積極的に取り組むべきである。

ウ 時代の流れと合った考えをもつように心がけていれば、時代の大きな変化にも対応できる。

エ 間違っていてもよいので、今自分が生きる時代がどうなっているのか、自分なりの考えをもつとよい。

（　　）

（自修館中―改）

1 次の文章を読んで、あとの問いに答えなさい。

①若者《わかもの》の理科離《ばな》れが言われるようになって久しい。小学校時代は理科好きであったのが、中学生頃《ごろ》から敬遠《けいえん》するようになり、高校に入ると多くの学生が文系《ぶんけい》を選び、そのまま理科(科学)に縁《えん》がなくなってしまうのである。これにはいくつもの理由がある。小学校では自然観察など実体験が重視《じゅうし》されているが、中学になると受験のために理科は暗記中心になり、面白味《おもしろみ》がなくなってしまうこと、小学校の先生の六割《わり》が文系出身者で適切な指導ができないこと、理系出身者は将来《しょうらい》の出世や給料が不利になっており、社会で重用されていないと感じていること、そもそも大人が科学に関心を示さず敬遠していること(大人の理科離れ)などが挙げられる。科学の祭典やサイエンス・フォーラムなど官民あげて科学への関心を喚起《かんき》しようとしているが、その場限りの催《もよお》しで終わっているき*らいもある。そう簡単《かんたん》に直せる状況《じょうきょう》ではないのである。その結果、科学者と②「素人《しろうと》」の間の溝《みぞ》がますます深くなっている。

その大きな背景《はいけい》として、③文系と理系の分離《ぶんり》という現代文明が抱《かか》える問題がある。既《すで》に、一九五九年にC・P・スノーが「二つの文化と科学革命」の講演で論《ろん》じたように、文系と理系の亀裂《きれつ》は早くから始まっていた。スノーは、理系人間はシェイクスピアを知らず、文系人間は熱力学の法則を知らない、それどころか、むしろそれを誇《ほこ》りに思っている状況を嘆《なげ》いたのである。［④］、その根源《こんげん》に教育体系に理系文化がきちんと位置づけられていないことがある、と論じている。この指摘《してき》は、現在においてもいっそう有効であり、より深刻《しんこく》になっていると言えよう。高度知識社会に移行するにつれ、法律《ほうりつ》や経済《けいざい》を専攻《せんこう》する人間の方が優遇《ゆうぐう》され、若者の指向もそれに靡《なび》いていく*趨勢《すうせい》がより強くなっているからだ。それでは科学の「素人」を増やす一方なのである。

科学の成果を*堪能《たんのう》しながら、科学については無知同然であるという現状をどう克服《こくふく》すればいいのだろうか。もっとも、そのことは科学者に対しても言えることで、専門の事柄《ことがら》は深く知っているくせに、一歩専門を外れると赤ん坊《ぼう》と同然である。そして、そのことに気づかず、いかにも何でも知っているかのように振《ふ》る舞《ま》う科学者を、オルテガ・イ・ガゼットは⑤「科学主義の野蛮性《やばん》」と呼《よ》んだ。科学の振興《しんこう》と言えば誰《だれ》も拒否《きょひ》できず、王様のような態度で世の中を見つめる科学者の野蛮性を*弾劾《だんがい》したのである。

この状況を憂《うれ》いて、文理融合《ゆうごう》とか文理連携《れんけい》といわれることが多くなった。今や、理系の知識を使わなければ法律も経済も歴史も論じられず、文系の知識がなければ科学の哲学《てつがく》や方法や倫理《りんり》を考えることができない、と理解されるようになっているからだ。とはいえ、⑥日暮《く》れて道遠しで、掛《か》け声は大きいが実際は何も進んでいない。使う言葉の差違《さい》、価値観の相違、方法上の*齟齬《そご》、概念《がいねん》の食い違《ちが》いなど、そう簡単に文系と理系を分断する川に橋がかからないのである。役に立つ科学指向が強くなり、文化としての科学という香《かお》りを失いつつあることも原因だろう。

(池内《いけうち》　了《さとる》「科学と人間の不協和音」表記を一部改めた箇所《かしょ》がある)

＊きらい＝傾向《けいこう》。
＊趨勢＝動向。なりゆき。
＊堪能＝十分満足すること。
＊弾劾＝罪や失敗をあばいて、責めること。

➡解答は74ページ

月　日

＊齟齬＝食い違い。

(1) ――①「若者の理科離れが言われるようになって久しい」とありますが、この原因を筆者はどのようなことだと考えていますか。その原因が書かれた部分を文中から一文で探《さが》し、はじめとおわりの五字をぬき出しなさい。

□□□□□ ～ □□□□□

(2) ――②「素人」とは、ここではどのような人のことを言っていますか。「～人。」に続く形で、文中から十四字でぬき出しなさい。

□□□□□□□□□□□□□□ 人。

(3) ――③「文系と理系の分離」とは、どのようなことですか。次の[あ]・[い]にあてはまる言葉を文中から五字でそれぞれぬき出しなさい。

・文系の人間は[あ]を、理系の人間は[い]を得ようとしなくなったこと。

あ □□□□□　い □□□□□

ヒント 「シェイクスピアを知ら」ない、「熱力学の法則を知らない」とは、どういうことか考えよう。

(4) [④]にあてはまる言葉として最も適切なものを次から選び、記号で答えなさい。

ア ところが　イ さて　ウ たとえば　エ そして　（　）

(5) ――⑤「科学主義の野蛮性」とありますが、オルテガ・イ・ガゼットは、どのような科学者をこのように呼《よ》びましたか。次の[あ]・[い]にあてはまる言葉を文中から[あ]は二字、[い]は二十一字でそれぞれぬき出しなさい。

・[あ]以外のことはほとんど知らないということを自覚せず、[い]科学者。

あ □□

い □□□□□□□□□□□□□□□□□□□□□

(6) ――⑥「日暮れて道遠し」とは、どのような意味ですか。最も適切なものを次から選び、記号で答えなさい。

ア すでにやってしまったことは、とり返しがつかないということ。
イ 追いつめられることでよい考えがうかび、うまくいくということ。
ウ 期限はせまっているのに、目的が達成できていないということ。
エ 困難《こんなん》にぶつかり、目標を変えなくてはいけないということ。
（　）

(7) この文章の内容と合っているものを次から選び、記号で答えなさい。

ア 文系科目よりも理系科目を勉強した方が、実際の生活には役立つ。
イ 社会的に優遇されるので、法律や経済を専攻する若者が増えた。
ウ 近年では、文理融合や文理連携がいちじるしく進むようになった。
エ 文系の人間と理系の人間が理解し合い、仲良くなるのは難《むずか》しい。
（　）

（西武学園文理中―改）

説明文・論説《ろんせつ》文 (7)

1 次の文章を読んで、あとの問いに答えなさい。 ↓解答は75ページ

英文学者時代の講義をまとめた『文学論《ぶんがくろん》』で、①漱石《そうせき》は興味深いことを言っている。科学は因果関係のはじめから終わりまですべてを隙間《すきま》なく語れなければならないが、文学はそうではないというのだ。[②]、文学言語は何に答えるのか。文学言語は「Why」(なぜ?)という疑問《ぎもん》に答えなければならない、と漱石は考えたようだ。何か起きたとき、「なぜ?」と問うたとしよう。[③]、「原因は何か?」と問うたとしよう。④そのとき、答えは一つに決められるのだろうか。

*黒崎宏《くろさきひろし》が面白《おもしろ》いことを言っている。地震《じしん》で家が倒壊《とうかい》した。[⑤]、その原因は一つには決められないと言うのだ。家が倒壊した原因は「地震のため」と答えることもできるし、「家の造りが弱かったから」と答えることもできるし、[⑥]「地球に重力があったから」と答えることさえできるはずなのだ。すなわち「『原因』として何を挙げるかは、[⑦]的に決まっている訳《わけ》ではない、という事を物語っている。「原因」として何を挙げるかは、基本的には、それに係わる**人間の問題意識**に依存《いそん》するのである」(『ウィトゲンシュタインから道元へ』哲学書房《てつがくしょぼう》、二〇〇三・三、ゴチック体原文)。

漱石は、何を「原因」として挙げるかは「好み」の問題だと考えた。それを真っ当な「原因」だと判断するかどうかは、まさに読者の側の問題なのだ。漱石は「所謂《いわゆる》文芸上の真は時と共に推移《すいい》するものなるを忘《わす》るべからず」とも言っている。この「真」はいまなら「リアリティー」(ほんとうらしさ)と言い換《か》えることができるから、「リアリティー」を支える読者の「好み」は時代によって違《ちが》うものだと言っていることになる。小説ならば、そこに挙げられた「原因」がリアリティーを持つか否《いな》かは、その時代の読者の「好み」に委《ゆだ》ねられるのである。

文学は科学のように隙間なく「事実」を説明する学問ではなく、むしろ隙間を読者の「好み」によって埋《う》める娯楽《ごらく》なのである。それが、文学に対する読者の仕事である。⑧文学は読者が自らの仕事を果たすことによって文学たり得ていると言える。だから、文学は[⑨]的であってかまわないし、断片《だんぺん》的であってもかまわないのだ。いや、そうあるべきなのだ。それを縫《ぬ》い合わせ、一つの「物語」に織り上げるのが読者の仕事なのだから。これが、漱石の考える文学の自由である。そして、これが漱石がイメージする文学である。

小説の言葉はもともと断片的で隙間だらけのものだということだ。小説の言葉が世の中のことを余すところなく書くことができるのなら、どんな読者でもみな同じようにしか読めないことになってしまう。しかし、もともと小説の言葉にはそういうことはできはしないのだ。いや、言葉にそれができないことは第一章で確認《かくにん》した通りである。

夏目漱石は「ある人の一日を知るには、一日分の活字を読まなければならない」という意味のことを言っているが、もちろんこれは⑩言葉の綾《あや》であって、実際には一日中活字を読んでもある人の一日を十分に理解できるわけではない。逆に、場合によっては「今日一日なにもなかった」という味も素っ気もない一文だけで、十分にその人の一日を伝えることもできるだろう。ここでは、言葉の隙間こそが重要な働きをしていると言える。⑪小説の言葉とは不思議なものなのだ。(石原千秋《いしはらちあき》「未来形の読書術」)

*黒崎宏=学者で、ウィトゲンシュタイン(哲学者)の研究を行っている。

月　日

(1) ――①「漱石」とありますが、夏目《なつめ》漱石の著作《ちょさく》を次から選び、記号で答えなさい。

ア『走れメロス』　イ『銀河鉄道の夜』

ウ『坊《ぼ》っちゃん』　エ『羅生門《らしょうもん》』　（　）

(2) ②・③・⑤・⑥にあてはまる言葉として適切なものを次から選び、それぞれ記号で答えなさい。ただし、同じ記号は二度使えません。

ア あるいは　イ つまり　ウ あたかも

エ では　オ ところが

②（　）③（　）⑤（　）⑥（　）

(3) ――④「そのとき、答えは一つに決められるのだろうか」とありますが、これについて黒崎宏と夏目漱石はどのように考えていましたか。次の あ・い にあてはまる言葉を文中から あ は四字、い は二字でそれぞれぬき出しなさい。

・黒崎宏は、何を「原因」として挙げるかは、その人の あ によって違うと考え、夏目漱石は、その人の い によって変わると考えており、どちらも、「原因」は一つに決まるものではないと考えていた。

あ
い

(4) ⑦・⑨にあてはまる言葉を次から選び、それぞれ記号で答えなさい。

⑦ ア 客観　イ 主観　ウ 地理　エ 歴史　（　）

⑨ ア 常識　イ 普遍《ふへん》　ウ 多義　エ 幻想《げんそう》　（　）

(5) ――⑧「文学は読者が自らの仕事を果たすことによって文学たり得ている」とは、どういうことですか。「想像」「補《おぎな》う」という二つの言葉を使って答えなさい。

ヒント「読者」の「仕事」とはどういうことかな。

(6) ――⑩「言葉の綾」のここでの意味として最も適切なものを次から選び、記号で答えなさい。

ア その場で最も伝えたいと思う、言葉の意味の核《かく》となる重要な部分。

イ その場における微妙《びみょう》な意味合いを表す巧《たく》みな言葉の言い回し。

ウ 一つの言葉でさまざまに意味を表していく巧妙《こうみょう》な言葉の技法。

エ その場をやり過ごすための本心ではない偽善《ぎぜん》的な言葉の言い回し。　（　）

(7) ――⑪「小説の言葉とは不思議なものなのだ」とありますが、筆者がこのように考える理由として最も適切なものを次から選び、記号で答えなさい。

ア 表現によってさまざまな意味を伝えることができるため、どの意味を選び取るかは読み手に任されてしまうから。

イ 言葉を使って伝える内容は、本当に伝えようと強く思うことによって格段《かくだん》に伝わりやすくなる性質があるから。

ウ 言葉ではうまく伝わらない内容も、言葉をつくさないことでかえって伝えたいことが伝わる場合もあるから。

エ 内容を伝えることができないという言葉の弱点こそ、むしろ読み手の自由な解釈《かいしゃく》が生まれるきっかけになるから。　（　）

（神奈川大附属中―改）

↓解答は75ページ

1 **次の文章を読んで、あとの問いに答えなさい。**

近ごろ、「自然との共生」が流行《はや》りである。どの都市の「町づくり」にも「自然と共生する町づくり」がうたわれている。

しかし、今日の生物学では、「共生」という概念《がいねん》に疑問《ぎもん》が感じられている。昔考えられていたように、生物たちは生態系《けい》という一つのシステムを成しているわけではなく、それぞれの種を維持《いじ》するための社会組織があるわけでもないらしいからである。

よく例に出される花と昆虫《こんちゅう》の場合で言えば、花は自分の子孫(種子)をできるだけたくさん実らせるために、昆虫を利用して花粉を運ばせようとする。蜜《みつ》を作るのはコストがかかるから、本当は蜜などつくりたくはない。しかたなくすこしだけはつくる。それをできるだけ吸《す》いにくくして、虫が努力している間に花粉がたっぷり虫の体につくようにしている。

昆虫のほうは、植物のために花粉を運んでやる気などさらさらない。欲《ほ》しいのは蜜だけである。けれど植物の方が蜜を花の奥《おく》深くに隠《かく》しているから、懸命《けんめい》になってもぐりこんでいくか、*口吻《こうふん》を長くして吸いやすくするほかない。

進化の長い時間の間、花と昆虫の間で、このように①「利己《りこ》的」なせめぎあいが続いた結果、今日見られるような花と昆虫のみごとな「共生」ができあがった。

このことを念頭に置いて、②はやりの「共生ファッション」を見ていると、いったいこれでよいのだろうかと心配になってくる。これで本当の共生が実現できるのだろうか？

人間が建物を建てるのは人間の利己である。人間の目的に沿《そ》うように、そして多くの場合、建築家のアーチストとしての満足感を満たすように、建築物は建てられる。

問題なのはこれがまったく一方的で、そこに何のせめぎあいもないことだ。

これも近頃《ちかごろ》はやりの「環境《かんきょう》にやさしい」「地球にやさしい」建築物は、環境との調和をはかったとか、ア環境を汚染《おせん》しないように配慮《はいりょ》した建物ということであるように見える。けれど、③ここで言われる環境とは何なのか？

考えてみると、環境とはきわめて漠然《ばくぜん》としたことばである。必ずしも自然を意味してはいない。大都市の中心部だったら、ビル街がイ「環境」である。田園地帯だったら、人間が開いた田んぼがウ「環境」である。けれど、④ふつう「環境」と言うときには、多少とも自然なままの林とか山とか川とかを指していることもたしかである。だから、そこに人間の手が入ると「環境破壊《はかい》」と言われるのだ。

多少とも自然な環境の中では、どのようなことが起こっているのか？ そこでは生物たちの自然と調和した営みが行われているのか？ 残念ながら、けっしてそういうわけではない。そうではなくて、はじめに述べたような、個々の個体のきわめて利己的な闘《たたか》いがたえず展開《てんかい》しているのである。激《はげ》しい競争の中で、それぞれの個体は自分自身の子孫を残そうと必死になっているのである。

これは自然の論理《ろんり》であって、人間が建築物を建てるときの論理とはまったくちがう。人間が建築物を建てるときは、土地を更地《さらち》にして、そこに建てる。建物の下から木が生えてきたりしたら、それこそ困《こま》る。そし

月　日

て建てた建物からは、自然の影響《えいきょう》を極力排除《はいじょ》しようとする。屋根や屋上に草が生えたら困るし、スズメが巣をかけても困る。そのようなことのない設計をせねばならない。これは人間の論理であって、建築物をつくるなら当然そうでなければならない。

問題は、建物のまわりである。環境（エ）にやさしく、自然にやさしくというのなら、建物のまわりは緑にしなくてはならない。

人間の論理と自然の論理のせめぎあいを期待するなら、ここしかない。

（日高敏隆《ひだかとしたか》「論理と共生」表記を一部改めた箇所《かしょ》がある）

＊口吻＝口先。

(1) ——①「『利己的』なせめぎあい」とありますが、直前に述べられている「花」と「昆虫」の「利己（自分の利益を追求すること）」とは、具体的にどのようなことを指していますか。文中の言葉を使ってそれぞれ答えなさい。

・花（　　　　）

・昆虫（　　　　）

ヒント なぜ花は昆虫を引きよせようとするのか、なぜ昆虫は花に近づくのか考えよう。

(2) ——②「はやりの『共生ファッション』を見ていると、いったいこれでよいのだろうかと心配になってくる」とありますが、それはなぜですか。次の[あ]・[い]にあてはまる言葉を文中から[あ]は五字、[い]は二字でそれぞれぬき出しなさい。

・はやりの「共生」は、人間と自然との間に[あ]がなく、[い]の一方的な論理だけでつくられたものだから。

あ［　　　　　］　い［　　］

ヒント 本当の「共生」とはどのようなことか考えてみよう。

(3) ——③「ここで言われる環境とは何なのか?」とありますが、この問いに対する答えとして最も適切なものを次から選び、記号で答えなさい。

ア 人間の存在《そんざい》が排除された原自然を指す。
イ 人間と自然の調和が実現されている空間を指す。
ウ 人間が管理している人工的な空間を指す。
エ 何を指しているか、明確に定義できない。（　）

(4) ——④「ふつう『環境』と言うとき」とありますが、文中の〜〜ア〜エのうち、——④で言っている「環境」とちがうものをすべて選び、記号で答えなさい。（　　）

(5) 筆者は、どのようなときに「共生」が実現すると考えていますか。最も適切なものを次から選び、記号で答えなさい。

ア 自らの利益を追求する異種同士がバランスのとれた関係になったとき。
イ 生のエネルギーが排除ではなく異種同士の助け合いへと向かったとき。
ウ 天敵が自らの生を支えていると気づき異種への攻撃《こうげき》を断念するとき。
エ 人為《じんい》を排除した空間で多様な生物の力関係のバランスが保たれたとき。（　）

（青稜中—改）

説明文・論説《ろんせつ》文 (9)

➡解答は76ページ

月　日

1 次の文章を読んで、あとの問いに答えなさい。

植物たちは、*光合成という反応をすることで、エネルギーの源《みなもと》となる物質を自分でつくります。ですから、食べ物を探《さが》し求めて動きまわる必要がありません。しかし、もしタネが光合成のできない「場所」や「季節」に発芽してしまったら、①発芽したばかりの*芽生えは、光合成をしてエネルギーの源となる物質をつくることができないので、*枯死《こし》します。

植物たちが食べ物を求めて動きまわらなくてもよいのは、芽生えが光合成できるように、タネが「場所」と「季節」を選んで発芽するからです。そのために、タネは発芽する「場所」と「季節」を知るためのしくみを身につけていなければなりません。(a)

春になると、多くの種類の植物たちのタネが発芽します。野やあぜ道に、多種多様な雑草が芽を出してきます。[②]、「冬の間、寒くて発芽できなかったタネが、春になって温度が高くなり、暖《あたた》かい陽気に誘《さそ》われて発芽してきた」との印象を受けます。(b)

タネが発芽するために、大切な条件が三つあります。「発芽の三条件」といわれるものです。春に暖かくなって発芽してくる植物のタネは、冬の寒さの中に置かれていると、いつまでも発芽しません。また、暖かい部屋で発芽させることができるタネでも、冷蔵庫《れいぞうこ》のような低い温度の中では、発芽させることはできません。(c)ですから、発芽のために必要な条件の一つは、「適切な温度」であることは、よく理解されます。

二つ目の発芽の条件は、「水」です。タネは、花が咲《さ》いたあとにつくられるのですが、成熟《せいじゅく》するにつれて、乾燥《かんそう》した状態になります。だから、きちんと*結実した多くの植物のタネは、乾燥しています。乾燥したタネは、そのままでは発芽せず、水を吸収《きゅうしゅう》しなければなりません。ですから、タネが発芽するためには、水が与《あた》えられなければなりません。(d)

三つ目の条件は、「空気」です。タネが発芽するには、空気が必要です。なぜなら、タネは私《わたし》たちと同じように呼吸《こきゅう》をしているからです。呼吸にほんとうに必要なのは、空気の中に含《ふく》まれる酸素です。ですから、発芽の条件として、「空気」と書かれることもありますが、「空気(酸素)」と記述されることもあります。

小学校で発芽の三条件とは「適切な温度、水、空気(酸素)」と教えられます。理科の教科書には、これを確認《かくにん》するための発芽の実験が紹介《しょうかい》されています。ダイズやインゲンマメなどを使って、この三つの条件のどれか一つが欠けても、発芽がおこらないことが示され、三つの条件がととのえば、実際にタネが発芽することが確認されています。

そのため、「適度に暖かく、発芽に使える水があり、呼吸もできるという条件がそろえば、多くの植物のタネは発芽する」と思われがちです。

しかし、実際には、そうではありません。多くの植物のタネは、発芽の三条件がそろったからといって、簡単《かんたん》には発芽しないのです。なぜなら、発芽の三条件の中には、「光が当たること」という条件が入っていないからです。もし、③光の当たらない場所でタネが発芽すれば、発芽した芽生えがどんな運命をたどるかは、容易に想像がつきます。

発芽後の芽生えは、しばらくの間、タネの中に貯蔵《ちょぞう》されていた養分に依存《いぞん》して成長できます。しかし、その後、芽生えは光合成をして、ブドウ糖《とう》やデンプンをつくらねばなりません。発芽した芽生えは、「光が当たらないから」といって、光の当たる場所へ移動することはできません。

もしそのまま光に出会えなければ、光合成ができず、自分で栄養分をつくり出すことができません。その芽生えは、やがて枯《か》れてしまいます。

そのため、多くのタネは、発芽の三条件がそろっているだけでなく、光の当たる場所を選んで発芽します。

（田中《たなか》 修《おさむ》「植物のあっぱれな生き方　生を全《まっと》うする驚異《きょうい》のしくみ」）

＊光合成＝光を使って、吸収した二酸化炭素と水分から糖やデンプンなどのエネルギーをつくりだすこと。
＊芽生え＝タネから出始めた芽のこと。
＊枯死＝草や木が枯れること。
＊結実＝草や木が実をつけること。

(1) ——①「発芽したばかりの芽生えは、光合成をしてエネルギーの源となる物質をつくることができないので、枯死します」とありますが、枯死しないためにタネはどのような工夫《くふう》をしていますか。その工夫が書かれている部分を「〜という工夫。」に続く形で、二十字でぬき出しなさい。

□□□□□□□□□□□□□□□□□□□□ という工夫。

(2) 次の文は、文中の(a)〜(d)のどこに入れるのが適切ですか。(a)〜(d)から選び、記号で答えなさい。

しかし、タネの発芽は、「暖かくなればおこる」という、気楽なものではありません。

（　　）

ヒント 接続語「しかし」で始まっていることに着目しよう。

(3) ②にあてはまる言葉として最も適切なものを次から選び、記号で答えなさい。

ア それとも　イ しかし
ウ だから　エ なぜなら

（　　）

(4) ——③「光の当たらない場所でタネが発芽すれば、発芽した芽生えがどんな運命をたどるか」とありますが、この芽生えはどのような運命をたどると考えられますか。文中の言葉を使って答えなさい。

（　　）

ヒント 次の段落《だんらく》の内容に着目しよう。

(5) この文章の内容と合っているものを次から選び、記号で答えなさい。

ア 植物たちは、エネルギーの源となる物質を自分でつくり出すことができない。
イ タネは「発芽の三条件」がととのうことで、かならず発芽する。
ウ 発芽後の芽生えは、しばらく、タネの中の養分を使って成長する。
エ 植物は食べ物を求めて移動できない代わりに、どんな環境《かんきょう》でも光合成ができるようになった。

（　　）

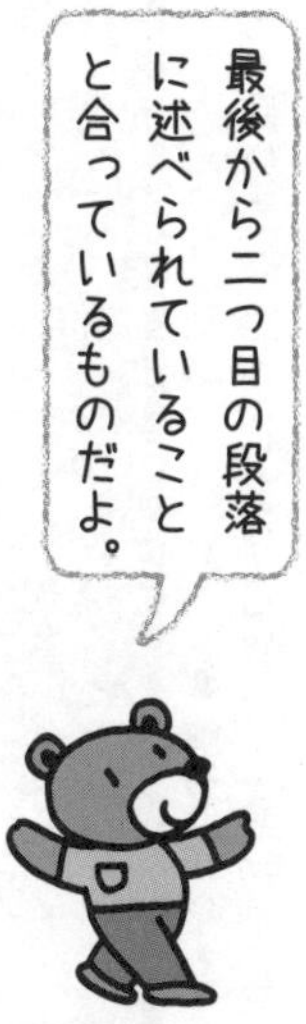
最後から二つ目の段落に述べられていることと合っているものだよ。

（東京学芸大附属竹早中—改）

説明文・論説文《ろんせつ》(10)

1 **次の文章を読んで、あとの問いに答えなさい。**

*阻害《そがい》語の代表的なものが、「ムカツク」と「うざい」という二つの言葉です。

この言葉は、このところ若者《わかもの》を中心にあっという間に定着してしまった感のある言葉です。「ムカツク」とか「うざい」というのはどういう言葉かというと、自分の中に少しでも不快感が生じたときに、そうした感情をすぐに言語化できる、非常に便利な言語的ツール*なのです。

つまり、自分にとって少しでも異質《いしつ》だと感じたり、これは苦い感じだなと思ったときに、すぐさま「おれは不快だ」と表現して、異質なものと折り合おうとする意欲《いよく》を即座《そくざ》に遮断《しゃだん》してしまう言葉です。しかもそれは他者に対しての攻撃《こうげき》の言葉としても使えます。「おれはこいつが気に入らない、嫌《きら》いだ」ということを根拠《こんきょ》もなく感情のままに言えるということです。ふつうは、「嫌いだ」と言うときには、「こういう理由で」という根拠を添《そ》えなければなりませんが、「うざい」の一言で済《す》んでしまうわけです。自分にとって異質なものに対して端的《たんてき》な拒否《きょひ》をすぐ表明できる、安易で便利な言語的ツールなわけですね。

だから人とのつながりを少しずつ丁寧《ていねい》に築こうと思ったとき、これらの言葉はなおさら非常に問題をはらんだ*言葉になるのです。

どんなに身近にいても、他者との関係というものはいつも百パーセントうまくいくものではありません。関係を構築していく中で、常にいろいろな阻害要因が発生します。他者は自分とは異質なものなのですから、当然です。じっくり話せば理解し合えたとしても、すぐには気持ちが伝わらないということもあります。そうした他者との関係の中にある異質性を、ちょっと我慢《がまん》して自分の中になじませる努力を最初から放棄《ほうき》しているわけです。

［①］「うざい」とか「ムカツク」と口に出したとたんに、これまで私《わたし》が幸福を築くうえで大切だよと述べてきた、異質性を受け入れた形での親密《しんみつ》性、親しさの形成、親しさを作り上げていくという可能性は、ほとんど根こそぎゼロになってしまうのです。これではコミュニケーション能力が高まっていくはずがありません。

［②］、流行語になるずっと以前から、「むかつく」③とか、「うざったい」という言葉はありました。④でもあまり日常語として頻繁《ひんぱん》に現れるということはありませんでした。なぜかといえば、現在の状況《じょうきょう》のように、すぐに「ムカツク」とか「うぜー」と表現することを許すような、場の雰囲気《ふんいき》というものがなかったのです。でも今はあります。

「ムカツク」「うざい」が頻繁に使われる以前はどうしていたのでしょうか。私たちの世代でも今の若い人たちと同じように、ムカついたり、うざいという感情を持つことはあったはずです。でもそれを社会的に表現するには、それだけの理由、相手に対するそういう⑤拒絶《きょぜつ》を表現してもいいのだという根拠を与《あた》える理由がないと言えないという雰囲気があったわけです。

それが今は、主観的な心情を簡単《かんたん》に*発露《はつろ》できてしまうほど、社会のルール性がゆるくなってしまったのだと思います。昔は、そんな言葉はきちんとした正当性がない限り言ってはいけないという暗黙《あんもく》の了解《りょうかい》がありました。［⑥］、⑦いくらムカついてもグッと言葉を飲み込《こ》んでおくことによって、ある種の耐性《たいせい》がうまく作られていったと思うのです。

↓解答は76ページ

月／日

（菅野《かんの》　仁《ひとし》「友だち幻想《げんそう》　人と人の〈つながり〉を考える」表記を一部改めた箇所《かしょ》がある。）

＊阻害語＝ここでは、友だちとのコミュニケーションをさまたげる言葉のこと。

＊ツール＝道具。　＊はらんだ＝中にふくみ持っている。

＊発露＝表面にあらわれること。

(1) [①]・[②]・[⑥]にあてはまる言葉として最も適切なものを次から選び、それぞれ記号で答えなさい。ただし、同じ言葉は二度使いません。

ア なぜなら　イ つまり　ウ だから

エ もっとも　オ さて

①（　　）②（　　）⑥（　　）

(2) ――③「むかつく」は文中のほかの部分ではカタカナで表記されていますが、ここではひらがなで表記されています。その理由を説明した次の[　]にあてはまる言葉を文中から三字でぬき出しなさい。

・カタカナでの表記は現代において流行している[　]としての表記であり、ひらがなでの表記は元々の「むかむかする」など辞書的な言葉としての表記である。

(3) ――④「あまり日常語として頻繁に現れるということはありませんでした」とありますが、以前に比べて、現在日常語として「現れる」機会が増えたのは昔と今とで何が変化したからですか。文中から五字でぬき出しなさい。

(4) ――⑤「拒絶」とありますが、これと反対の意味を持つ語句として最も適切なものを次から選び、記号で答えなさい。

ア 放棄　イ 反発　ウ 謝罪《しゃざい》　エ 受容　（　　）

(5) ――⑦「ある種の耐性がうまく作られていった」とありますが、これについて次の各問いに答えなさい。

① 「ある種の耐性」とは、ここではどのようなことができる力のことを言っていますか。次の[　]にあてはまる言葉を文中から三十四字で探《さが》し、はじめとおわりの五字を答えなさい。

・[　]ことができる力のこと。

～

ヒント ここでの「耐性」とは、耐《た》えて適応する性質のこと。

② 「ある種の耐性」が作られないと、どのような能力を高めることができなくなりますか。文中から十一字でぬき出しなさい。

(6) 文中の筆者の意見と合っているものを次から選び、記号で答えなさい。

ア 現在は、主観的な心情を表現することができない若者が多くなった。

イ 以前は、相手に対して拒絶の感情を持つことが現在より少なかった。

ウ 阻害語は、若者が心情を発露する機会を増やす便利なツールである。

エ 阻害語は、異質なものとの関係性を築く意欲を遮断するものである。

（　　）

（足立学園中―改）

25日 まとめテスト（4）

月　日

時間 20分［はやい15分 おそい25分］
合格 80点
得点　　点

⬇解答は77ページ

1 次の文章を読んで、あとの問いに答えなさい。

そこで僕《ぼく》は何をしたのかといえば、まず、このジャイロモノレール*の理論《りろん》を公開すべきだと考えた。特許を取ることは興味がなかった。製品としてはせいぜいおもちゃにしかならないだろうし、そもそも100年まえに特許が取られていたため、技術が広く普及《ふきゅう》しなかったのだ（当時のパテント*資料は、実にわかりにくく、肝心《かんじん》の箇所《かしょ》が理解できないように書かれている）。しかし、なにもしないと誰《だれ》かが特許を取ってしまうかもしれない〔ア〕。①それでは困《こま》る。だから、一刻《いっこく》も早く雑誌《ざっし》などに発表した方が良いだろう、と考えた。

こんなものを扱《あつか》ってくれる雑誌はどこなのかわからない〔イ〕。機械学会くらいしか想像できない〔ウ〕が、僕は機械学会の会員ではない〔エ〕。そこで、日本で一番権威《けんい》のある鉄道模型《もけい》の雑誌に解説文を投稿《とうこう》した。さらに、そのジャイロモノレールの作り方も、そのあとすぐに発表した。作りやすくデザインし、図面も添《そ》えて公開したのである。このように、雑誌などで広く公開された知見は、もう特許の対象にならない。たとえ、誰かが特許申請《しんせい》をしても、既《き》発表の証拠《しょうこ》があれば無効にできる。［②］の意味はここにある。

さて、僕が雑誌に自分の研究の成果を発表したのには、もう一つ大事な理由があった。それは、「他者による再現」である。

僕が発表した記事を読んで、ジャイロモノレールの模型を作った人が数人現れた。連絡《れんらく》があったのだ。これはもの凄《すご》く嬉《うれ》しいことである。というのも、誰にでも再現できることが科学であり、本当の技術であるという証明になるからだ。自分だけの秘密《ひみつ》にしていては、その正しさは証明されない。独り占《じ》めせず、みんなで共有することが、科学の基本なのである。

さらにまた、③何人かがそれを作れば、もっと素晴《すば》らしいアイデアが生まれてくるかもしれない。僕が作ったものよりも、ずっと高性能のジャイロモノレールがきっと現れるだろう。それも、僕の喜びになる。

自分の考えたものだから、利益や賞賛を独占《どくせん》したい、というふうには科学者は考えない。「できるだけ、大勢に使ってもらいたい」「みんなの役に立てば、それが嬉しい」というような公開性、共有性に、科学の神髄*《しん》《ずい》がある。社会の利益を常に優先《ゆうせん》することが科学の基本姿勢《しせい》なのだ。

だから、科学的であるためには、常にそれを念頭に置かなくてはならない。これはけっこう難《むずか》しいことだと思う。意識していないと、ついつい独り占めしたくなる。研究には苦労がつきものだから、なんらかの成果が得られたときは、それによってこれまでの苦労が報《むく》われるような利益を得たいと考えるのは、当然の人情だろう。そうなると、他人にアイデアを盗《ぬす》まれないように秘密にし、自分だけがそれを扱えるように囲ってしまう。いわゆる「秘伝」というやつだ。

また、多くの研究者は、自分の趣味《しゅみ》で研究をしているわけではない。賃金《ちんぎん》を会社や組織からもらっている。そうなると、多くの場合、発見や発明は企業《きぎょう》の利益に結びつく「企業秘密」となり、情報の一部は公開されないことになる。

たとえそうであっても、基本的な部分、つまり④その製品が有効であるという科学的証明は、秘密の下《もと》では成り立たない。学会に発表し、他の研究者の審査《しんさ》を受けなければ、科学的なお墨《すみ》付きは得られない。そういう厳格《げんかく》な仕組みが「科学」を支えている。

（森《もり》　博嗣《ひろし》「科学的とはどういう意味か」）

＊ジャイロモノレール＝一本のレールの上で自動的にバランスを取って立ち、倒《たお》れずに走る鉄道車両。一〇〇年前にイギリスで発明されたが、すぐにすたれて仕組みさえわからなくなっていたのを、筆者が古い文献《ぶんけん》を調べて、実験をくり返し、模型で再現することに成功した。

＊パテント＝特許のこと。特許権は一定期間でなくなる。

＊神髄＝そのものの本質。

(1) ＝「ない」とちがう用法で使われているものを文中の〜〜ア〜エから選び、記号で答えなさい。（10点）

（　　）

(2) ——①「それでは困る」とありますが、これについて次の各問いに答えなさい。

①「それ」とは、どのようなことを指していますか。「〜こと。」に続く形で、文中から十二字でぬき出しなさい。（10点）

□□□□□□□□□□□□こと。

②「それでは困る」のは、なぜですか。文中の言葉を使って十五字以内で答えなさい。（20点）

□□□□□□□□□□□□□□□

(3) ②にあてはまる言葉として最も適切なものを次から選び、記号で答えなさい。（10点）

ア　特許申請　　イ　技術普及

ウ　雑誌公開　　エ　学会発表

（　　）

(4) ——③「何人かがそれを作れば、もっと素晴らしいアイデアが生まれてくる」とありますが、これと正反対の状況《じょうきょう》を表していることわざを次から選び、記号で答えなさい。（10点）

ア　取らぬ狸《たぬき》の皮算用　　イ　三人寄れば文殊《もんじゅ》の知恵《ちえ》

ウ　船頭多くして船山に登る　　エ　寄らば大樹《たいじゅ》の陰《かげ》

（　　）

(5) ——④「その製品が有効であるという科学的証明は、秘密の下では成り立たない」とありますが、筆者がこのように考えるのはなぜですか。次の□にあてはまる言葉を文中からあは十一字、いは四字でそれぞれぬき出しなさい。（10点×2—20点）

・あが科学的証明になるので、秘密にしていすると、その正しさは証明されないから。

あ □□□□□□□□□□□

い □□□□

(6) この文章において、科学の基本とは、どのようにすることだと筆者は述べていますか。次の□にあてはまる言葉を「公開」「共有」「社会」という三つの言葉を使って答えなさい。（20点）

・自分の研究の成果を□こと。

（　　）

（巣鴨中—改）

➡解答は77ページ

月　日

1 次の詩を読んで、あとの問いに答えなさい。

樹《き》　吉野《よしの》　弘《ひろし》

人もまた、一本の樹ではなかろうか。
樹の自己《じこ》主張が枝を張り出すように
人のそれも、①見えない枝を四方に張り出す。

身近な者同士、許し合えぬことが多いのは
②枝と枝とが深く交差するからだ。
それとは知らず、いらだって身をよじり
互《たが》いに傷《きず》つき折れたりもする

仕方のないことだ
枝を張らない自我《じが》なんて、ない。
③しかも人は、生きるために歩き回る樹
④互いに刃《は》をまじえぬ筈《はず》がない。

枝の繁茂《はんも》しすぎた山野の樹は
風の力を借りて梢《こずえ》を激《はげ》しく打ち合わせ
密生《みっせい》した枝を払《はら》い落《おと》す――と
⑤庭師の語るのを聞いたことがある。

人は、どうなのだろう?
⑥剪定鋏《せんていばさみ》を私《わたし》自身の内部に入れ、小暗い自我を
刈《か》りこんだ記憶《きおく》は、まだ、ないけれど。

(1) この詩は、何連でできていますか。漢数字で答えなさい。

□連

ヒント 「連」とは、まとまりのことです。

(2) この詩の形式を次から選び、記号で答えなさい。

ア 文語定型詩　イ 文語自由詩
ウ 口語定型詩　エ 口語自由詩

(　　)

(3) ――①「見えない」のはなぜですか。最も適切なものを次から選び、記号で答えなさい。

ア 心理的には外れたところに存在《そんざい》するから。
イ 人には見えないようにかくしているから。
ウ あってないような弱々しいものだから。
エ 自分自身では意識や自覚をしていないから。

(　　)

(4) ——②「枝と枝とが深く交差する」とありますが、これについて次の各問いに答えなさい。

① この「枝」とは、何のことですか。詩の中から四字でぬき出しなさい。

□□□□

② 「深く交差する」のはなぜですか。その理由として最も適切なものを次から選び、記号で答えなさい。

ア どちらかが優位《ゆうい》に立っているから。

イ 互いに言いたいことを言えないから。

ウ 互いの欠点が見えにくいから。

エ 互いの気持ちや関係のきょりが近いから。（　）

ヒント 人を一本の樹にたとえていることから考えよう。

(5) ——③「しかも人は、生きるために歩き回る樹」とありますが、これについて次の各問いに答えなさい。

① この部分に用いられている表現技法を次から二つ選び、記号で答えなさい。

ア 直喩《ちょくゆ》　イ 隠喩《いんゆ》　ウ 反復法

エ 倒置法《とうち》　オ 体言止め　（　）（　）

② この部分はどういうことを強めていますか。最も適切なものを次から選び、記号で答えなさい。

ア 人は一カ所に落ち着いていることができない。

イ 人はさまざまな人とかかわり合う機会が多い。

ウ 人は過去から未来へ動き回ることができる。

エ 人は枝をふり回して多くの人に傷をつける。（　）

(6) ——④「互いに刃をまじえぬ筈がない」とは、どういうことですか。最も適切なものを次から選び、記号で答えなさい。

ア 互いの意見がぶつかり、言い争いになることがあるということ。

イ 攻撃的《こうげき》になり、相手に危害《きがい》を加えることがあるということ。

ウ 互いの気持ちが一つになり、協力し合うことがあるということ。

エ 自分をおさえ、相手を尊重《そんちょう》しなくてはいけないことがあるということ。（　）

(7) ——⑤「庭師の語るのを聞いたことがある」とありますが、庭師の語った言葉が書かれた部分を詩の中から探《さが》し、はじめとおわりの五字を答えなさい。

□□□□□ ～ □□□□□

(8) ——⑥「剪定鋏を私自身の内部に入れ、小暗い自我を／刈りこんだ記憶は、まだ、ないけれど」とありますが、これはどういうことを表していますか。最も適切なものを次から選び、記号で答えなさい。

ア 自分の考えや意見を他人におしつけ、他人の考えや意見に影響《えいきょう》をおよぼしたことは、まだないということ。

イ 自然の力を利用して、自分自身の中に巣くった悪い考えや気持ちを取りのぞいたことは、まだないということ。

ウ 自分自身の中で入り組んだ考えや意見を、自分で整理したことは、まだないということ。

エ 周囲の人間の考えや意見を取り入れ、自分自身の考えや意見が変わったことは、まだないということ。（　）

（青山学院中—改）

月　日

↓解答は78ページ

1 次の詩を読んで、あとの問いに答えなさい。

ちびへび　　工藤直子《くどうなおこ》

暖《あ》ったかいのだもの
散歩は　したいよ
ちびへびは
おうちに鍵《かぎ》をかけて
ぷらぷらでかけた

こんちわというと
小鳥は　ピャッと飛びあがり
いたちはナンデェとすごんだ
あら　①おびに短《みじ》かしたすきに長しね
②仲間は忍《しの》び笑いをした

ちびへびは急いで家にもどり
おうちの中から鍵をかけ
③燃え残りの蚊取《かと》り線香《せんこう》のように
④まるくなって　ねむった
でも……

ちびへびは
もういちど　でかけた
誰《だれ》もいないところまで
——こんちわ　いわずに
　⑤　しないで

(1) この詩では用いられていない表現技法を次から選び、記号で答えなさい。

ア 直《ちょく》喩《ゆ》　イ 擬《ぎ》態《たい》語
ウ 体言止め　エ 倒《とう》置《ち》法

（　　）

(2) ——①「おびに短かしたすきに長し」とありますが、このことわざの意味として最も適切なものを次から選び、記号で答えなさい。

ア 交わる友人によってよくも悪くもなることのたとえ。
イ 人によって好みはまちまちであることのたとえ。
ウ 月日のたつのがあっという間であることのたとえ。
エ 中《ちゅう》途《と》半《はん》端《ぱ》で何の役にも立たないことのたとえ。

（　　）

帯にするには短すぎ、たすきにするには長すぎる布ってどんなものか考えよう。

(3) ――②「仲間は忍び笑いをした」とありますが、これについて次の各問いに答えなさい。

① 「仲間」とは、何のことを言っていますか。次の□にあてはまる言葉を二字で答えなさい。

・ほかの□たちのこと。

② 「忍び笑い」の意味として最も適切なものを次から選び、記号で答えなさい。

ア 遠慮《えんりょ》せずに、大きな声をあげて笑うこと。
イ 気づかれないように、声をおさえて笑うこと。
ウ 見下したように、ばかにして笑うこと。
エ はずかしそうに、ほほえむこと。

（　　）

ヒント 「忍ぶ」の意味を考えてみよう。

(4) ――③「燃え残りの蚊取り線香のように」とありますが、これはどのような様子を表していますか。次の□にあてはまるように答えなさい。

・ちびへびの□様子。

（　　）

(5) ――④「まるくなって　ねむった」とありますが、このときの「ちびへび」の気持ちとして最も適切なものを次から選び、記号で答えなさい。

ア うれしい気持ち。
イ 自信に満ちた気持ち。
ウ 期待する気持ち。
エ さびしい気持ち。

（　　）

ヒント どうして「急いで家にもど」ったのか、考えてみよう。

(6) □にあてはまる連続した二行を、ほかの連からぬき出しなさい。

（　　）

ヒント 家にもどったけれど、本当はどうしたいのか、次の連の「ちびへび」の行動から考えよう。

(7) ⑤にあてはまる言葉を詩の中から四字でぬき出しなさい。

(8) この詩にえがかれている「ちびへび」の様子を説明したものとして最も適切なものを次から選び、記号で答えなさい。

ア 一人でいることが好きで自分の世界を大切にしているため、外の世界に出ても誰にも会わないようにしている。
イ 大人として認《みと》められたいのに子どもあつかいされるため、外の世界で経験を積んで成長しようとしている。
ウ みんなと仲良くしようとしてうまくいかなかったものの、外の世界へのあこがれは捨《す》てきれないでいる。
エ いろいろなことに挑戦《ちょうせん》したい気持ちはあるものの、外の世界に出て行くことはためらっている。

（　　）

（西武学園文理中―改）

28日

短歌・俳《はい》句《く》(1)

月　日

1 次の短歌を読んで、あとの問いに答えなさい。

↓解答は78ページ

A　すこやかに児《こ》らが遊ぶに秋もあらず曇《くも》りもあらずうらうら常春《とこはる》
伊藤左千夫《いとうさちお》

B　思ひ《い》出のや《よ》うに実つ《っ》てゐ《い》る柿《かき》の夕日の色のひとりごと澄《す》む
馬場《ばば》あき子

C　文明の部品のや《よ》うに少年の指はキィボードたたきつづける
香川《かがわ》ヒサ

D　水すまし* 流《ながれ》にむかひ《い》さかのぼる汝《な》がいきほひ《おい》よ微《かす》かなれども
斎藤茂吉《さいとうもきち》

*水すまし＝アメンボ。

E　手套《てぶくろ》を脱《ぬ》ぐ手ふと休《や》む
何やらむ《ん》
こころかすめし思ひ《い》出のあり
石川啄木《いしかわたくぼく》

(1) A・Cの短歌に用いられている表現技法を次から選び、それぞれ記号で答えなさい。

ア 比喩《ひゆ》法　イ 倒置《とうち》法
ウ 体言止め　エ 枕詞《まくらことば》

A（　　）C（　　）

(2) B・Eの短歌から伝わるものとして最も適切なものを次から選び、それぞれ記号で答えなさい。

ア 冷たく暗い感じ。
イ 何となくなつかしい感じ。
ウ 力強くて勢いのある感じ。
エ 温かくてさびしい感じ。

B（　　）E（　　）

ヒント　それぞれの短歌の情景を思いうかべてみよう。

(3) 作者の感動が述べられたあと、ふと気がついたことがつけ足されている、という構成になっている短歌はどれですか。A～Eから選び、記号で答えなさい。

（　　）

ヒント　五句（最後の句）に注目しよう。

(4) 子どもの明るくおだやかな様子をうたった短歌はどれですか。A～Eから選び、記号で答えなさい。

（　　）

2 次の俳句《はいく》を読んで、あとの問いに答えなさい。

A　竹馬やいろはにほへとちり〴〵《(ぢり)》に　久《く》保《ぼ》田《た》万《まん》太郎《たろう》

B　さらさらと竹に音あり夜の雪　正岡子規《まさおかしき》

C　あらとうと*青葉若葉《わかば》の日の光　松尾芭蕉《まつおばしょう》

*とうと＝尊《とうと》い。

D　名月や畳《たたみ》のうへ《(え)》に松の影《かげ》　榎本其角《えのもときかく》

(1) Aの俳句は何句切れですか。最も適切なものを次から選び、記号で答えなさい。（　　）

ア 初句切れ　イ 二句切れ　ウ 句切れなし

「や」のように
句中で内容を切る
働きをする言葉を
「切れ字」と言うよ。

(2) Bの俳句に用いられている表現技法を次から二つ選び、記号で答えなさい。（　　）（　　）

ア 比喩法　イ 体言止め　ウ 字余り・字足らず

エ 擬声語《ぎせいご》　オ 反復法

(3) Cの俳句の作者、松尾芭蕉の俳句ではないものを次から選び、記号で答えなさい。（　　）

ア 閑《しず》かさや岩にしみ入る蝉《せみ》の声

イ 五月雨《さみだれ》をあつめて早し最上《もがみ》川

ウ 古池《ふるいけ》や蛙《かわず》飛びこむ水の音

エ 雀《すずめ》の子そこのけそこのけお馬が通る

ヒント 一つは小林一茶《こばやしいっさ》の俳句だよ。

(4) Dの俳句の季語をぬき出しなさい。（　　）

(5) 夏の季節をよんだ俳句はどれですか。A〜Dから選び、記号で答えなさい。（　　）

ヒント 旧暦《きゅうれき》では一月〜三月が春、四月〜六月が夏、七月〜九月が秋、十月〜十二月が冬だよ。

(6) 次の文はどの俳句について説明したものですか。A〜Dから選び、それぞれ記号で答えなさい。

① かつていっしょに遊び、学んだ仲間が、成長するにつれてそれぞれの道を歩み出し、ばらばらになってゆくさみしさをよんだ俳句。（　　）

② 月の光によって家の中まで入ってきた影を見ている穏《おだ》やかな心情をよんだ俳句。（　　）

1 次の短歌とその鑑賞《かんしょう》文を読んで、あとの問いに答えなさい。

すつ《(つ)》ぽりと蒲団《ふとん》をかぶり、
足をちぢめ、
舌を出してみぬ、誰《だれ》にともなしに。
石川啄木《いしかわたくぼく》

作者が一人、すっぽりと蒲団をかぶって、中で体を小さくして、［あ］に向かってというわけでもなく、舌を出す、という、どこか［い］のある歌です。日常の何でもない一瞬《いっしゅん》を、作者の独自の感性でとらえています。

湧《わ》きいづ《(ず)》る泉《いずみ》の水の盛《も》りあがりくづ《(ず)》るとすれやなほ《(お)》盛りあがる
窪田空穂《くぼたうつぼ》

この歌は、泉のほとりにねそべって、泉の語る言葉を、時間のたつのも忘《わす》れて聞いていた、という作者の少年のころの思い出がよまれています。「［う］」という部分に、泉に魅了《みりょう》されて泉からなかなかはなれられない作者の気持ちが表れています。

⬇解答は79ページ

(1) 鑑賞文中の［あ］にあてはまる言葉を、短歌の中から一字でぬき出しなさい。

□

(2) 鑑賞文中の［い］にあてはまる言葉として最も適切なものを次から選び、記号で答えなさい。

ア うれしさ　イ さげすみ
ウ さびしさ　エ おかしみ

（　　）

(3) 「湧きいづる……」の短歌は何句切れですか。漢字一字で答えなさい。

□句切れ

ヒント 「句切れ」は、意味や調子のうえで大きく切れるところのことだよ。

(4) 鑑賞文中の［う］にあてはまる言葉を、短歌の中から七字でぬき出しなさい。

□□□□□□□

ヒント 次から次へと盛りあがる泉に、作者は夢中になっているよ。

月　日

2 次の俳句《はいく》とその鑑賞文を読んで、あとの問いに答えなさい。

羽子板の重きが嬉《うれ》し突《つ》かで立つ　長谷川《はせがわ》かな女《じょ》

> 「[あ]」という言葉からもわかるように、羽子板といっても一枚《いちまい》板に簡単《かんたん》な絵をかいたようなものではなく、かざりのついた立派《りっぱ》な羽子板です。それがうれしくて、その羽子板を買ってもらった女の子は、[い]、大事にだきしめて立っています。

しづ《ず》かなる力満ちゆき＊螇蚸《はたはた》とぶ　加藤楸邨《かとうしゅうそん》

＊螇蚸《はたはた》＝バッタの一種。

> この句は、じっとしていたバッタが突然《とつぜん》飛び立った様子をよんでいます。「しづかなる力満ちゆき」という言葉から、じっとしながらも飛ぶためのエネルギーを少しずつ足にたくわえていく様子が伝わります。作者は、小さなバッタに[う]を感じているのです。

露《つゆ》の玉ありたぢ《じ》たぢ《じ》となりにけり　川端茅舎《かわばたぼうしゃ》

> この句は、目の前にある大きな水滴《すいてき》におどろいてひるんでいるありの姿《すがた》をえがいています。「[え]」という様子を表す言葉や、ありと露の大きさのバランスが、ほほえましさを感じさせます。

(1) 鑑賞文中の[あ]にあてはまる言葉を、俳句の中から二字でぬき出しなさい。

(2) 鑑賞文中の[い]にあてはまる言葉として最も適切なものを次から選び、記号で答えなさい。

ア 羽根つきには加わらないで
イ 片時《かたとき》もはなれないで
ウ みんなに見せてあげながら
エ 人の羽子板と比べながら
（　　）

ヒント 「突かで」は「突かないで」という意味だよ。

(3) 「しづかなる……」の俳句はどの季節をよんだものですか。漢字一字で答えなさい。

(4) 鑑賞文中の[う]にあてはまる言葉として最も適切なものを次から選び、記号で答えなさい。

ア 宇宙《うちゅう》の神秘《しんぴ》　イ 大きな命の力
ウ 生きる切なさ　エ 自然の美しさ
（　　）

ヒント 「小さなバッタ」の力強さを感じていることに気づこう。

(5) 鑑賞文中の[え]にあてはまる言葉を、俳句の中から四字でぬき出しなさい。

30日

まとめテスト（5）

月　日

時間 20分〔はやい15分おそい25分〕　合格 80点　得点　点

1 次の詩を読んで、あとの問いに答えなさい。

弟に速達で　辻《つじ》 征夫《ゆきお》

さいきん
おばあちゃんにはあったか？
おばあちゃんとは
ノブコちゃんのことで
①ははおやだわれわれの
まごがうまれて
②はるかという名を
考えたそうだなおばあちゃんは
雲や山が
遠くにみえる
ひろーい感じ
とおばあちゃんは
いったのか電話で

おれはすぐに
すこしゆるゆるになったらしい
おばあちゃんの③老眼鏡を　思い出した
あれはおれが三十才で

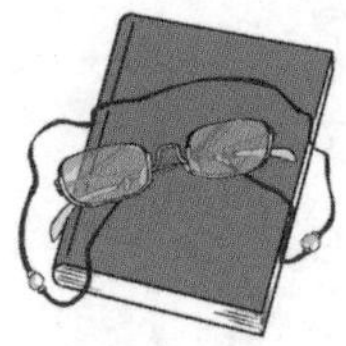

なんとか定職についたとき
五回目か六回目の賃金《ちんぎん》で買ったのだ
おれのはじめてのおくりもので
④とてもよろこんでくれた
なにしろガキのころから
しんぱいばかりかけたからなおれやきみ*は

じゃ　おれは今夜の列車で
北へ行く
はるかな山と
平原と
おれがずっとたもちつづけた
小さな夢を
見てくる
よしんば*きみのむすめが
はるかという名にならぬにしろ
こころにはるかなものを　いつも
抱《いだ》きつづけるむすめに育てよ

⑤から
電話はかけない
＊きみ＝「おれ」の弟。
＊よしんば＝かりに。

⬇解答は79ページ

(1) この詩の形式を次から選び、記号で答えなさい。(10点)

ア 文語定型詩　イ 文語自由詩

ウ 口語定型詩　エ 口語自由詩

（　　）

(2) ――①「ははおやだわれわれの」とありますが、これについて次の各問いに答えなさい。

① この部分に用いられている表現技法を次から選び、記号で答えなさい。(10点)

ア 比喩《ひゆ》　イ 倒置《とうち》法

ウ 対句《ついく》　エ 反復法

（　　）

② このように言ったのはなぜですか。その理由について説明した次の[あ]～[う]にあてはまる言葉を詩の中から[あ]は二字、[い]は三字、[う]は六字でそれぞれぬき出しなさい。(10点×3―30点)

・母親にとっての[あ]、つまり弟の[い]が生まれてまだ間もないため、自分も弟も[う]という呼《よ》び名になれておらず、伝わらないかもしれないと思ったから。

あ［　　］　い［　　　］　う［　　　　　　］

(3) ――②「はるかという名」とありますが、この名前について作者はどのように感じていると考えられますか。次の[　]にあてはまる言葉を詩の中から十字でぬき出しなさい。(10点)

・[　]を持って生きていけるような、いい名前だ。

［　　　　　　　　　　］

(4) ――③「老眼鏡」とありますが、この「老眼鏡」は作者にとってどのようなものですか。最も適切なものを次から選び、記号で答えなさい。(10点)

ア 迷惑《めいわく》ばかりかけてきた母親へ伝えられなかった心からの謝罪《しゃざい》のしるし。

イ 初めての給料をもらい、社会人として一人前になったことのあかし。

ウ 年老いて身体が弱っていく母親に対するいたわりの気持ちのあかし。

エ 子どものころから愛をそそぎつづけてくれた母親への感謝のしるし。

（　　）

(5) ――④「とてもよろこんでくれた」とありますが、この部分について、ある児童が自分の意見を発表した次の[　]にあてはまる言葉を詩の中からぬき出しなさい。(10点)

・私は、詩の中の[　]という部分から、「おばあちゃん」が老眼鏡を長い間使っているのだと想像しました。それが、「とてもよろこんでくれた」の根拠《こんきょ》になると思います。

（　　）

(6) [⑤]にあてはまる言葉を詩の中から一字でぬき出しなさい。(10点)

［　］

(7) この詩の主題として最も適切なものを次から選び、記号で答えなさい。(10点)

ア 弟に子どもがうまれた喜びを兄が分かち合っている手紙。

イ 苦労をかけている母親をいたわっていこうという決意の手紙。

ウ 弟にうまれた子どもの健《すこ》やかな成長を心から願っている手紙。

エ 長年考えていた旅にでることを弟に伝えようとする手紙。

（　　）

（明治学院中―改）

中学入試 模擬テスト

↓解答は80ページ

月　日

時間 30分［はやい25分 おそい35分］
合格 80点
得点　点

1 次の文章を読んで、あとの問いに答えなさい。

私《わたし》たちにとって、学校教育はなぜ必要なのか。べつのいい方をすれば、それぞれの実生活の経験の積み重ねにまかせるのではなく、なぜ教育のための特別の場所が必要なのか。この問いかけにたいしては、いくつかの理由が考えられます。

第一に、これはわかりやすい理由ですが、世界はあまりにも広く、私たちがそのすべてを経験することはできないからです。

［①］、私たちが「世界」と呼《よ》んでいるものの多くはすでに失われた過去であり、「現実」と呼んでいるものの半《なか》ば以上は現実には存在《そんざい》しません。歴史と呼ばれ、人類の記憶《きおく》のなかにしかないものがほとんどでしょう。新聞やテレビで伝えられる世界はすでに「昨日の現実」にすぎないし、学問研究の保証する真実の世界も、結局は過去に発見され、歴史のなかで再確認《かくにん》されてきたものであるはずです。

経験は記憶によって濾過《ろか》*され、それと照合されて、はじめて経験として完成される。そうした経験の完成の場所として、私たちは教育という営みを発明し、教室という別世界を囲い込《こ》んでいるともいえるのです。

森鷗外《もりおうがい》の短編《たんぺん》小説『サフラン』に、サフランをめぐる若《わか》き日の思い出話が出てきます。この植物の名は本で早くから知っていたけれど、まだ実物を見たことがない。そこで蘭医《らんい》*であった父親に頼《たの》み、薬箪笥《くすりだんす》の抽《ひき》斗《だし》から「ちぢれたような、黒ずんだ物」、つまり乾燥《かんそう》したサフランを出してもらう。「名を聞いて人を知らぬと云《い》うことが随分《ずいぶん》ある。人ばかりではない。すべての物にある」といった感慨《かんがい》を綴《つづ》った小品ですが、考えてみれば、②われわれがいうところの「現実」とは、半ば以上、森鷗外における「サフラン」のようなものではないでしょうか。

第二に、教育が不可欠になるのは、私たちが何らかの現実行動をうまくなしとげるためには、行動をいったん③棚上《たなあ》げし、目的を括弧《かっこ》のなかに入れて行動しなければならないからです。いいかえれば、現実行動にあたって失敗を避《さ》けるには、④まずもって「練習」をしなければならない。経験を離《はな》れることがいかに重要かは、この練習というものを考えれば誰《だれ》しも納得《なっとく》がいくはずです。

音楽や絵画のような芸術であれ、スポーツであれ、碁《ご》や将棋《しょうぎ》といった勝負事であれ、さらには実践《じっせん》的なすべての営みが、まず練習を要求しています。野球選手のバットの素振《すぶ》りが好例でしょう。飛んで来てもいないボールを相手にバットを振っている。そのことによって、彼《かれ》はバッティングという行為《こうい》のプロセス*を意識し、そこからプロセスを支える「型」を身につけようとしているわけです。

私たちの行動能力は、単純《たんじゅん》な経験をいくら繰《く》り返しても、けっして高まることはありません。現実行動は練習のうえではじめて成り立ちます。どんな技術であれ、技術を駆使《くし》するプロセスを絶えず見直し、身につけ直さなければならないのです。

学校というものは、その意味で、あらゆる知識を現実行動からいったん切り離し、その行動のプロセスを教える場といってもいいでしょう。要するに、教室は［⑤］の場ではなくて、［⑥］の場なのです。

（山崎正和《やまざきまさかず》「文明としての教育」）

*濾過され＝こしとられ。
*蘭医＝江戸時代に、オランダから伝わった医学を学んだ医者。

＊プロセス＝やり方。手順。

(1) ［①］にあてはまる言葉として最も適切なものを次から選び、記号で答えなさい。(5点)

ア つまり　イ しかし
ウ たとえば　エ しかも
（　）

(2) ――②「われわれがいうところの『現実』とは、半ば以上、森鷗外における『サフラン』のようなもの」とありますが、これはどういうことですか。最も適切なものを次から選び、記号で答えなさい。(10点)

ア われわれは、すべてのことを正確にとらえることはできないため、それぞれの人に見える「現実」の姿《すがた》は、人によってまったくちがったものになるということ。

イ われわれが知識として学んだことは、「現実」を理解するには何の役にも立たず、実際に経験してみることでしか本当の「現実」を知ることはできないということ。

ウ われわれは、すべてのことを経験によって学ぶ、ということはできないため、知識として学んだことをもとに「現実」を理解しているだけであるということ。

エ われわれが「現実」だと認識しているものは、実際はすべてこの世に存在せず、経験して学べることは一つもないので、知識として学ぶしかないということ。
（　）

(3) ――③「棚上げ」と同じような意味を表している言葉として最も適切なものを次から選び、記号で答えなさい。(5点)

ア 保留　イ 確信
ウ 消去　エ 評価
（　）

(4) ――④「まずもって『練習』をしなければならない」とありますが、その理由を文中の言葉を使って答えなさい。(10点)

（　　　　　　　　　　　　　　　　）

(5) ［⑤］・［⑥］にあてはまる言葉として最も適切なものを次から選び、それぞれ記号で答えなさい。(5点×2―10点)

ア 教育　イ 練習　ウ 失敗　エ 行動

⑤（　）⑥（　）

(6) この文章について説明したものとして最も適切なものを次から選び、記号で答えなさい。(10点)

ア 経験から学んだ昔の時代から、知識を学ぶ今現在まで、どのようにして教育のあり方が変わったか、その歴史について説明している。

イ 多くのことを経験することも、先人が積み重ねてきた知識を得ることも、どちらも重要で、そのバランスの大切さをうったえている。

ウ 実生活における経験から学ぶのではなく、なぜ実生活とは別世界の場でわれわれは学ぶ必要があるのか、その理由について説明している。

エ われわれにとっては経験を通して自ら発見を得ることが大切であると主張し、知識をつめこむことを重要視《し》する現代の教育を批判している。
（　）

（浅野中―改）

2 次の短歌を読んで、あとの問いに答えなさい。

海にして太古の民《たみ》のおどろきをわれふたたびす大空のもと
高村光太郎《たかむらこうたろう》

(1) この短歌は何句切れですか。最も適切なものを次から選び、記号で答えなさい。(5点)

ア 初句切れ　イ 三句切れ
ウ 四句切れ　エ 句切れなし

（　　）

(2) この短歌に用いられている表現技法を次から二つ選び、記号で答えなさい。(5点×2—10点)

ア 比喩法《ひゆ》　イ 倒置法《とうち》　ウ 破調（字余り・字足らず）
エ 枕詞《まくらことば》　オ 体言止め

（　　）（　　）

(3) この短歌の説明として最も適切なものを次から選び、記号で答えなさい。(10点)

ア 海に出て感じた自然をいとおしむ気持ちが、やさしくていねいにうたわれている。
イ 海に出て感じたふるさとをなつかしむ気持ちが、物悲しく静かにうたわれている。
ウ 海に出て感じた得体《えたい》の知れない恐怖《きょうふ》と緊張《きんちょう》が、臨場《りんじょう》感豊かにうたわれている。
エ 海に出て感じた大きなおどろきと感動が、ゆったりとさわやかにうたわれている。

（　　）

3 次の俳句《はいく》を読んで、あとの問いに答えなさい。

滝《たき》落ちて*群青《ぐんじょう》世界と*どろけり
水原秋桜子《みずはらしゅうおうし》

*群青＝あざやかな青色。
*とどろけり＝ひびきわたっている。

(1) この俳句の季語をぬき出し、その季節を答えなさい。(完答5点)

季語（　　）
季節（　　）

(2) 「群青世界」とはどのような情景を表していますか。最も適切なものを次から選び、記号で答えなさい。(10点)

ア 濃《こ》い霧《きり》の中に大きな滝のある情景。
イ 雪山の中にこおりついた滝のある情景。
ウ 深い緑の山の中に大きな滝のある情景。
エ 大雨の降る中に大きな滝のある情景。

（　　）

(3) この俳句の説明として最も適切なものを次から選び、記号で答えなさい。(10点)

ア なごやかな情景がほのぼのとうたわれている。
イ 大きな情景が堂々とうたわれている。
ウ 静かな情景がしんみりとうたわれている。
エ にぎやかな情景が生き生きとうたわれている。

（　　）

解答

● 1日 2・3ページ

1 (1)①ウ ③イ ⑥ア
(2)(例)引っ越すことを「僕」にいいたくてもいえず、「ぶんちゃん」も苦しんでいたこと。
(3)ウ
(4)こんなにキ
(5)(例)今日は最後の思い出になるので、笑って楽しみたいと思うけれど、やはり「僕」とはなればなれになるのが哀しいから。

考え方

1 (1)①の「トゲのある言葉」とは、相手を悪く言ったり傷《きず》つけたりする言葉のことです。
③は、悲し過ぎて「そっか」という短い言葉しか返せなかったと考えられます。⑥は、会話が途切れ、何か話そうと「次にいう言葉」を探していたと考えられます。
(2)早くいってほしかったと思いながらも、いえなかった「ぶんちゃん」のつらい気持ちも、「僕」は理解しているのです。
(3)ビー玉が光った気がしたとき、「ぶんちゃん」の表情に決意のようなものが表れ、また、「オレが引っ越したら、遊びにこいよ」という発言からも、引っ越しというさけられない現実を受け止め、前を向こうとしている様子がうかがえます。一方の「僕」は、「ぶんちゃん」の発言に、「やっぱり、引っ越しちゃうんだ」と、改めて現実を思い知らされたものの、その現実を受け止めきれず、気持ちの整理がつかないでいる様子がうかがえます。
(4)夏の風が心地よい、けれど、淋しさがつのる、と同様に、緑が輝いてキラキラした世界のなかを走っている、という気持ちのよい様子とはちぐはぐに、「僕」がもがき苦しむ様子が、最初の段落《だんらく》にえがかれています。
(5)直後にあるように、「ぶんちゃん」は、今日は最後の思い出になるから「僕」と笑って楽しみたいと思っています。でも、上手に笑えず、哀しい顔になってしまったのです。

チェックポイント 登場人物
場面に登場する人物、会話文に出てくる人物などの関係性に注意して読むようにします。

● 2日 4・5ページ

1 (1)ヤンチャが
(2)ウ
(3)一(生懸)命
(4)④ウ ⑤オ
(5)ゴッコ遊び
(6)エ
(7)まるっきり

考え方

1 (1)「タイムマシンが本物だろうがニセ物だろうが、そんなことはどうでもよかった」のは、タイムマシンについて話すことで、ヤンチャが「一緒に面白がってくれ」たり、「元気を出し」たりしてくれるからです。
(2)三人がタイムマシンの完成をあきらめられない理由をヤンチャが話したと考えられます。ヤンチャの話した「〇・〇〇〇〇一パーセントの可能性」は、タイムマシンが完成する可能性であると同時に、ヤンチャの病気が治る可能性とも考えられます。
(3)「許すかぎり」「全速力」などから、「一生懸命」タイムマシンを作る作業を進めていることが読み取れます。
(4)④「成績が下がって文句を言われたりしないように」から、宿題をきちんとやっていることをつかみます。⑤「翌朝ずいぶん母さんから問い詰められた」から、「こっそり」目覚まし時計を持ち出したことがわかります。
(5)⑥をふくむ文中の「これ」は、三人が秘密基地でやっているタイムマシン作りのことです。「僕」は、母さんに目覚まし時計を

「ゴッコ遊びに使うために持ち出し」たと言い張りました。自分たちにとって、タイムマシン作りは一生懸命にやっていることですが、本当にできる可能性はほとんどなく、ほかの人からは、タイムマシン作りごっこに見えてもおかしくないと考えているのです。

(6)「そういう」という指示語に注目し、直前の内容を確認《かくにん》しましょう。

(7)「気がとがめる」とは、やましさやうしろめたさを感じるということです。嘘をついてしまったことにうしろめたさを感じている部分に入ります。

チェックポイント　ぬき出し
文中から言葉をぬき出すときは、書かれている通りにそのままぬき出すことに注意します。

● 3日　6・7ページ

1 (1)あ嫌な予感　い覚悟を決めた
(2)エ
(3)指先だけが
(4)イ

考え方

1 (1)友迫さんの安易な同情に美咲が怒っているのを感じて、理穂は急いで帰ろうとしましたが、ちゃんづけで呼び止められて、その怒りを自分にぶつけようとしているのだとわかって覚悟を決めているのです。

(2)理穂の体の周りを漂うだけで、体の中に入っていないということは、つまり、心に届《とど》いていないということです。

(3)シーツをにぎりこむ様子から、屈辱に耐えているのだと考えられます。

(4)はじめのほうの「わかってる」は、友迫さんの態度が美咲にとって屈辱的であったこと、最後の「わかってる」は、友迫さんだけでなく、自分自身も美咲に屈辱を与《あた》えてしまったことについて言っています。

チェックポイント　動作
登場人物の動作は、心情を表しています。どのように行動しているのかをとらえて、登場人物の心の中を想像します。

● 4日　8・9ページ

1 (1)①ウ
②(例)滝が近づいたので興奮している。
(2)イ
(3)巨大な透明巨人
(4)④オ　⑤ウ
(5)エ

考え方

1 (1)①「黙りこむ」「活気づく」という言葉で、人間の行動を、アメンボ号がしているようにたとえています。このように、人間ではないものを、人間のようにたとえる表現技法を、擬人法といいます。

②「活気づく」とは、にぎやかになったり、生き生きしたりする様子を表します。ねじまがりの滝を発見して、四人が元気を取りもどしたのだと読み取れます。

(2)――②に続く部分に「偵察することにした」とあることに着目します。「偵察」とは、本来は、ひそかに敵の様子をさぐるという意味です。ここでは、ねじまがりの滝を見に行くことと考えられます。

(3)大きな力がかかっている様子を、目に見えない大男(=透明巨人)によってあやつられているようだとたとえています。

(4)④は動き始めたときの、⑤は勢いがついてきたときのアメンボ号の動きを表しています。

(5)「ぼく」とフーちゃんを乗せたアメンボ号が急に流され、滝の中に突進するという予期せぬ出来事が起こります。乗っていなかった二人は、どうすることもできず呆然と見ていましたが、「ぼく」とフーちゃんが手を振っているのが見えると、「ぼく」たちの無事に安心し、跳びあがるほど喜んで手を振り返したのです。

チェックポイント　場面把握《はあく》
いつ、どこで、だれが、どんなことをしている場面なのか、注意深く読むようにします。

● 5日 10・11ページ

1 (1)(例)茂が楽しそうに野球に行くのを見て、どのような野球をしているのか興味を持ったから。
(2)ウ
(3)①(例)野球をするなら試合に出てかつやくしなくては意味がないと考えるところ。
②つまんない野球（つまらない野球）
(4)(例)自分だけのためにするのではない野球。
(5)イ

考え方

1 (1)「で、何ですか」と冷泉から先をうながされたあとの由美の発言に注目します。息子の様子から、どんなに楽しい野球をしているのだろうと見物に行ったのです。
(2)「言葉を切る」の「切る」は、それまで続いていたことを止めるという意味です。続きを言いづらいので、言葉を止めたのです。
(3)①由美の話を聞いて、「おっしゃることはよくわかります」「私の野球に対する考えも奥さんと同じだった」と言っていることから、直前の由美の発言の中に、昔の冷泉の考え方と同じところがあるのだとわかります。茂が試合に出られず、サポートに回っていることを「可哀相」と表現していることから考えます。
②プロ野球選手になることしか考えていなかった昔の冷泉に対して、由美の夫は「つまんない野球はもうやめろ」と言っています。
(4)自分だけのためにする「つまんない野球」でない野球だったからです。
(5)直前で「本当にすみませんでした」と謝《あやま》っています。これは、何も知らず、試合に出ることだけにこだわって冷泉に話をした自分のことを申し訳《わけ》なく思っているのだと考えられます。

チェックポイント 会話文
会話文には、多くの場合、登場人物の考えが表明されます。「……」や「——」にこめられた意味も考えます。

● 6日 12・13ページ

1 (1)①(例)「コーキくん」のことを、自分の中で呼んでいる「ヒコーキくん」と言ってしまったこと。
②顔
(2)(例)「ヒコーキくん」がコーラをくれたということは、自分に好意をもってくれているということだと思ったから。
(3)エ
(4)イ

考え方

1 (1)①「——ヒコーキくん?」と聞き返されことで、「わたし」は、いつも自分の中だけで呼んでいるあだ名を口にしてしまったことに気づいたのです。
②「顔から火が出る」とは、はずかしい思いをするという意味の慣用句です。
(2)「ママ」の言った「好きな人には、何かあげたいと思う」のが「自然な気持ち」だという言葉と「ヒコーキくんのくれたコーラ」が重なり、「ヒコーキくん」は「わたし」のことを好きだからコーラをくれたのだと思って、どきどきしているのです。
(3)「目を細める」には、目の開き方を小さくする、うれしそうにほほえむ、という二つの意味があります。ここでは、空にコーラをかざしたらまぶしくて、目の開き方を小さくしたとも考えられますが、前後の内容から、「わたし」がとてもうきうきしている様子が読み取れるので、ヒコーキくんの好意がうれしくてほほえんでいるのだと考えられます。
(4)句読点のつけ方で、間隔が縮まる様子をたくみに表現しています。アでは、会話文中の「……」は、言葉がとぎれていることを表していますが、気の迷いやはっきり言えない性格のせいではなく、どういうことか理解できなかったり、どう説明すればいいかすぐには出てこなかったりしているだけです。また、ウやエにある表現は、「わたし」が「お日さまを飲みこんだみたいに元気」で、明るい気持ちになっていることを表しています。

チェックポイント　表現技法
様子や感情を表現するとき、ほかのものにたとえて表すことがよくあります。このような技法を比喩《ひゆ》といいます。

●7日　14・15ページ

1 (1)早く本葉を出して苗木として高くなる(ため。)
(2)光合成
(3)イ
(4)エ
(5)ウ
(6)五〇
(7)樹高五メートルの高さ
(8)ア

考え方

1 (1)アサガオのように光合成のエネルギーを使うのに比べると、貯蔵されているエネルギーを使うほうが早く成長できるのです。
(2)アサガオは「双葉でかせいだエネルギー」を本葉を出すのに使い、「双葉を広げて光合成をする」と述べられています。
(3)落葉樹は冬に葉を落とすことをおさえます。前の段落《だんらく》の最後に「六月を過ぎて、森の中が暗くなる」とあり、これは、夏に葉がしげることによります。
(4)前の段落までは、子どものアカガシが陰でゆっくり成長してきたことを述べ、あとでは、環境の変化で急成長することを述べていることから考えます。
(5)続く一文の内容を読み取ります。長く耐えてきた子どものアカガシに、親のアカガシが倒れたことで、森の主役になるチャンスがやってきたのです。
(6)第四段落に「五〇年たっても樹高五メートル」と書かれています。
(7)直前の段落の最後の部分に「主役の座にのぼりつめる決め手」とあるので、この内容を読み取ります。
(8)前にある「それは」以降《いこう》でいくつかの理由が述べられているので、それに合うものを選びます。

チェックポイント　理由の読み取り
理由を述べるときは「〜ため」「〜から」「なぜなら」のような表現がよく使われるので、文章を読むときに注目しておきます。

●8日　16・17ページ

1 (1)①直感的に全体像を捉え認知する(から。)
②(例)サルの群れの中に浸り、サルたちと生活の場を同じくして、群れの放つ雰囲気を身につけること。
(2)往
(3)(例)表情もなく声もほとんど出さず、行動のうえの特色も少ないウサギでも個体識別ができたのだから、表情の豊かなサルならば、容易に個体識別できるだろうという自信。
(4)イ
(5)ア
(6)(例)可能な限り自分たちによって自然をみださないように配慮する方法。

考え方

1 (1)①三段落《だんらく》に、人が人を識別する話が書かれています。
②サルの識別ができるようになるには、サルの群れの中に入りこみ、サルの出す雰囲気を、自分の肉体で感じ取れるようにならなければならないのです。
(2)「右往左往」とは、混乱してあわてふためいている様子を表します。
(3)直前に、どのような自信をもっていたかが書かれ、「だから」の前に、そのような自信をもった理由が書かれています。
(4)「かれら(サルたち)の顔」か、「(サルたちの)姿」か、どちらかをひと目見れば識別できる、とすれば意味が通るので、対比・選択《せんたく》の接続語「あるいは」があてはまります。
(5)「人間の個体の面白さに魅かれるのと同じく、サルの個体の面白さに魅力を感じ」て行っている点から選びます。

(6)共感法に批判をした学者たちのやり方が欧米流です。

チェックポイント　指示語

「それ」「この」などを指示語といいます。指示語が何を指しているかを正しく捉えることが、説明文・論説《ろんせつ》文の読み取りでは重要です。この指示語が指す内容は多くの場合、直前に書かれています。

● 9日　18・19ページ

1 (1)エ

(2)エ

(3)ないものに～できる言葉

(4)⑤ウ　⑥カ(⑤カ　⑥ウも可)

(5)ウ

(6)(例)言葉によって感じとることのできる感覚を、異なる国や土地でも、おなじに感じている人びとがいるということ。

(7)ⓐ排他的　ⓘ共生

考え方

1 (1)国境を行き交うことについて、「モノ」や「人」などと「言葉」を比べています。「国境を越える言葉というのは、このないものについて言うことのできる言葉」と述べられています。

(2)「際立って親和的にもなれば、際立って排他的になるのも、言葉」と述べられていることから考えます。

(3)直後の二段落《だんらく》で「この目で見たことはない」言葉の例を挙げ、そのあとの段落で「ないものについて言うことのできる言葉」と言いかえています。

(4)「指すように」にかかっていくので、どこかにあり、見えるものを表す言葉を二つ選びます。

(5)自由を見たことはなく、どこかにあるものでもないという内容のあとに、自由を知っているという食いちがう内容が続いているので、逆接の接続語「しかし」があてはまります。

(6)国や言葉が異なっていても、「自由」という感覚は、どこの人びとも感じているだろうことは確信できるのです。

(7)おたがいを繋げてくれるような概念を共有することが共生を可能にすると筆者は考えています。

チェックポイント　キーワード

文章の内容を読み取るときに重要な手がかりになる言葉をキーワードといいます。何度も出てくる言葉や、筆者が「　」をつけている言葉に着目します。

● 10日　20・21ページ

1 (1)①カ　②ウ

(2)ア

(3)エ

(4)(例)疑問を持ち、その答えを自分で推察して、その推察が当たっていたという喜びを味わうことができないから。

(5)イ

(6)ウ

考え方

1 (1)①あとに、インターネットのいい利用の仕方の例を挙げています。②前のいい利用の仕方とは反対に、あとではよくない利用の仕方について述べています。

(2)すぐに調べられる便利な道具であるインターネットのことです。最初の段落《だんらく》のいい利用の仕方以外に、筆者は疑問を持っていることをつかみましょう。

(3)インターネットには「わかっていないこと」は載っていないので、まだわかっていないことがあると思えなくなってしまうのです。

(4)「便利な道具(＝インターネット)を手に入れた人間にとって大きな代償になっている」と述べています。その前に書かれている「代償」が表す内容をまとめます。「代償」とは、何かを得たり、目的を達成したりするために、失ったもののことです。

(5)筆者は実際にいろいろなところを歩き回っていたので発見ができたことと、「情報に操られていると、自分の見たことのほうが正しいと信じ切れない」から考えます。

(6)インターネットだけを見ていたら、情報に操られて、自分が見たものを信じられなかったかもしれないと筆者は述べています。

チェックポイント　接続語

「しかし」「そして」など、文と文や段落と段落をつなぐ言葉を接続語といいます。接続語をヒントに、どのようにつながっているかをつかみます。

● 11日　22・23ページ

1
(1)自分の人生〜うな出会い
(2)(例)意識しなくても、相手によって自分のことを微妙に語り分けているから。
(3)イ
(4)ウ
(5)ア

考え方

1 (1)第四段落《だんらく》で「生き方を揺さぶられるような出会い」について説明しています。
(2)自己を語る際は、相手の理解の枠組みの見当をつけながら、相手にわかってもらえるように語るので、どんな相手に語るかによって自己物語が変化するのです。
(3)「生い立ちは固定されたものというイメージをもつ人が多い」という内容のあとに、「生い立ちは変化していく」という食いちがう内容が続くので、逆接の接続語「しかし」があてはまります。
(4)同じ段落に「どちらがほんとうでどちらが嘘というのでなく」とあります。相手によって自分が変わるから、ずれが生じるのです。
(5)相手に納得し共感してもらうという目的のもとで、人はみな自己を語り分けており、相手によって自分が変わるのは当然のことなのだと筆者は考えています。

チェックポイント　指定された言葉を使う

指定された言葉を使って答えを書く場合、使う順番は変えてもかまいません。ただし、必ず、どちらも使うようにします。

● 12日　24・25ページ

1 (1)①タイミング
②(あ)夜おそく
(い)食後すぐ((あ)・(い)は順不同)
(う)勤勉
(2)夜中の時間の知恵はしれている。
(3)イ
(4)(例)夜は断固として執筆しないという方法。
(5)(例)夜に頭を働かせるために、体が無理をして血圧を上げようとすること。
(6)食後は消化
(7)エ

考え方

1 (1)①直後の段落《だんらく》に、「頭を働かせる(=勉強する)のは、……タイミングということが大切である」とあります。
②冒頭《ぼうとう》の母親たちは、夜おそくまで勉強することが勤勉であると誤解している人の例です。また、最後から二番目の段落には、「食後すぐに」勉強するのが「勤勉」だと「誤解する人がいる」という内容の記述があります。
(2)――③の直前にある「しれている」は、はじめからそのはんいがだいたいわかってしまっているという意味で、たいした成果は出ないということです。
(3)「朝の金の時間」とは、朝の時間が金のようにいちばんよいことをたとえています。このように、何かにたとえて表現する表現技法を比喩法といい、「ようだ」「みたいだ」などの言葉をともなう比喩を直喩《ちょくゆ》、それらの言葉をともなわない比喩を隠喩《いんゆ》といいます。
(4)菊池寛は、他の小説家が夜執筆していても、「断固として夜を排し」たとあります。「排する」とは、しりぞけるという意味です。
(5)夜には下がるはずの血圧を、頭を働かせるために無理に上げようとすることを指しています。
(6)満腹時、つまり食後というのは、消化のほうに血液を使うため、頭のほうには血がまわらないと書かれています。
(7)満腹時は勉強に向いておらず、あまりに空腹なときも、落ち着かなくて勉強するのに向いていないと述べられています。

チェックポイント　内容合致《がっち》

文章の内容と合っているものを選ぶという問題は、似たような内容が書かれている本文の部分を読み直して、細かいところまで合っているか確かめるようにします。

●13日　26・27ページ

1 (1)(例)これまで美幸がやっていた原田先生の家のことをこれからは自分がやると話すため。

(2)②ア

③イ

(3)イ

(4)イ

(5)ア

(6)おっくう

(7)ⓐ責任感

ⓘ役目

考え方

1 (1)清人はすぐに「話があるんだ」と言っています。どのような話がしたかったのかをまとめます。

(2)②は、美幸が家にあがろうとするのをさまたげたと考えられるので、「はばむように」があてはまります。③は、早く表へ出て話したい様子から「おすように」があてはまります。

(3)弟子としてやるべきことは強引にでもやろうとする姿勢に、修業をしっかりやろうという気持ち、つまり、漆の仕事に本気で取り組もうという決意が表れています。

(4)美幸が「勝手にすれば」と言ったので、自分の考えている通りにできると思ったのです。

(5)後ろ手に戸をしめるという動作は、清人の気持ちがこれからの自分の仕事だけに向いていることを表します。美幸がにらみつけているのに、清人は笑顔を見せているのも、自分の仕事ができるという喜びからです。美幸に気づかうことを忘《わす》れるほど気持ちが仕事に向かっているのです。

(6)あとの「解放」という言葉から、［⑦］にはよくないイメージの言葉が入るとわかります。「おっくう」とは、めんどうで気が進まない様子を表しています。

(7)最初の段落《だんらく》で、買い物をした品々を原田さん宅へとどけるときの記述に、これは自分の「役目」だと責任感をいだいています。

チェックポイント　理由の答え方

「なぜ」かを文中の言葉を使って答える問題は、文末を「〜ため。」「〜から。」などという形で書きます。

●14日　28・29ページ

1 (1)(例)友達と遊ぶのが楽しいから。

(2)エ

(3)ⓐ仲間外れ

ⓘカッコ良く見える

(4)ウ

考え方

1 (1)最後の方で「だから、続けたいんだよ、仲間で不発弾探し」とあるので、その理由を説明している部分を見つけます。友達と遊ぶ楽しさを知ったので、なんとか二人に仲直りしてもらって、また一緒にみんなで遊びたいと思ったのです。

(2)あとの会話から、「僕」は「高井くん」が自分たちを迷惑に思っていると思っていたことがわかります。しかし、実際は羨ましいと思っていたのだと知り、おどろいたのです。

(3)ここでの「ポーズ」とは、見せかけの態度という意味です。羨ましく思う気持ちをかくし、迷惑に思っているような見せかけの態度をとることで、仲間外れにされても、カッコ良く見えるようにしていたのです。

(4)はじめは、自分から連絡するのをいやがり、意地を張っている様子でしたが、高井が「素直に喋っている」と感じ、仲直りすることを「考えておく」と言うまでに態度がやわらかくなっています。

チェックポイント　文章の特徴

物語で「私《わたし》は～」「僕は～」と書かれている場合の多くは、主人公の視点で書かれています。

●15日　30・31ページ

1　(1)①ア　④ウ

(2)ア

(3)(例)家で母親の代わりに仕事をしていて、宿題をする時間がないから。

(4)頭っから市

(5)あ理由　いくやしい

考え方

1　(1)①「ギロリ」とは、目玉がするどく光って動く様子、④「きっと」は屈《くっ》せず強い感じである様子を表しています。

(2)農家の子供であることを悪く言うような口調だったので、自分のことのように感じてしまったのです。

(3)すぐあとの権太についての説明から家の仕事でいそがしく、とても宿題ができる様子ではないことがわかります。

(4)最後に「市街の者を見ろ」と言っています。耕作は、益垣先生がすべてにおいて、市街の生徒の方がすぐれていると決めつけていると感じています。

(5)生徒の事情をよく理解してくれていた菊川先生とは正反対であり、菊川先生への反発心から罰をあたえる益垣先生のことを「畜生」と思っているのです。

チェックポイント　昔の物語

物語には、今とはちがう時代の話もあります。登場人物の生活や考え方が私《わたし》たちとはちがうことも考えられます。前書きや注なども参考にして、その時代の様子を正しくつかみ、登場人物の気持ちを考えます。

●16日　32・33ページ

1　(1)あ全部の物をじっくり見るためには何年もかかる

いできる限りたくさん

(2)甘栗通

(3)エ

(4)どうでもいいこと

(5)当然、バス

(6)一つ目(例)故宮博物院で見た、色々な小さい細工。

二つ目(例)日本で食べてきたのには無いおいしさがある、台湾の甘栗。

(7)エ

考え方

1　(1)せっかくたくさんの物を展示している故宮博物院をおとずれるのだから、たくさん見ていってほしかったのです。

(2)「～通」とは、あることにくわしい人をいいますが、ここでは、よく食べていて好きであることに対して使っています。

(3)「ちょくちょく」とは、わずかの間をおいて同じことがくり返されることを表しています。

(4)筆者にとって甘栗のおいしさは「旅行のクライマックス的な要素があるほど重要」なのですが、読者から見たら、「甘栗ぐらいのこと」と思われるかもしれないという内容です。文章のはじめの方に「全員気楽などうでもいいことばっかり好き」とあり、筆者もその一人なのです。

(5)「お手柄」とは、ほめられるような立派《りっぱ》な働きのことです。おいしい甘栗を買ってきて、みんなを感動させたことが「お手柄」なのです。

(6)前半と後半にそれぞれ「感動」という言葉を使って書かれています。小さい物を完成させるまでに親子三代かけたりしている人達がいることにも感動していますが、これは「物」ではないので、注意しましょう。

(7)最後の一文に、木村さんは「うちの社員でもない」と書かれています。ここから、エが正解であることがわかります。故宮博物院にあきたのではなく、混んでいて予定の見学時間を短縮したので、アは合っていません。また、イは、甘栗好きに気がついたのは、つい数日前のことだとあるので、「子供の頃から自他ともに認める」の部分が合っていません。ウは、木村さんの買ってきた甘栗を食べた人の中に、甘栗が嫌いな人がいたという部分が合っていません。

チェックポイント　随筆《ずいひつ》

随筆は、筆者が体験を通して考えたことや感じたことを書いたものです。心にうかんだことを気ままに書いたものもあれば、社会に対する意見をはっきり述べたものもあります。

● 17日　34・35ページ

1　(1)あ駅　い思い出
(2)②ウ　④オ　⑤ア
(3)森閑として
(4)あア　い夜の駅体験
う実感　えク
(5)おくの細道(奥の細道)
(6)イ
(7)ア

考え方

1　(1)「駅ということば」がすべての人に「思い出を抱かせている」とは、すべての人は駅にさまざまな思い出があるということです。
(2)②「いわゆる」は、「よく言う。一般的《いっぱん》に言う」という意味です。④「まるで」は、ほとんど同じである様子を表し、下に「〜みたいだ」「〜ようだ」などの言葉をともないます。⑤「まさに」は、「もうすぐ。ちょうど今」という意味です。
(3)ひっそりと静かで人がおらず、あたりが暗い駅の様子を、「眠っている夜の駅」と表現しています。
(4)地名を知識として知っていただけだったのが、実際に「きょうと」の駅の印象深い様子を見て、そのイメージを具体的にいだくようになったのです。
(5)江戸《えど》時代に奥州や北陸を旅したときのことが書かれています。
(6)芭蕉の句についての筆者の感想をまとめています。「ノミ・シラミ」と「馬の尿」という旅の枕もとにあると困《こま》るものを並《なら》べたてていると感じたのです。
(7)交通手段も風景もすっかり変わったけれど、旅人が夜の駅で旅情をまとめるのは、今もむかしも変わらないのではないか、と筆者は考えています。「まとめつづける」という表現に、むかしからずっとつづいていることだという筆者の考えが表れています。

チェックポイント　文学史

文章の中に出てくることに関連した作品や作者を問う問題が出されることがあります。有名な作品や作者については、漢字で書けるようにしておきます。

● 18日　36・37ページ

1　(1)エ
(2)元気な心のユニバーサル社会
(3)③エ　④ウ
(4)(例)エレベーターが上に行くのか下に行くのか分からないから。
(5)①ア
②あ一部の弱者(一部の人々)
い中途半端な配慮
(6)(例)みんながバリアから解放され、みんながハッピーになれるようにしようという考え。
(7)イ

考え方

1　(1)「横文字」とは、横向きに書き進む西洋文字などのことで、ここでは、バリアフリー、ユニバーサルデザインといった言葉を指しています。「美しい」とあるのは、バリアフリーなどの言葉は、大変良いものという印象があるからです。
(2)最後の段落《だんらく》で「その『穴』を少しでもなくして、初めて私が思う……が実現する」と述べられています。
(3)③は、バリアフリーやユニバーサルデザインというのは、本来はみんなが良いと感じるもののはずという内容のあとに、「一部の弱者に対応しているだけのものが多い」という食いちがう内容がつづくので、「ところが」があてはまります。④は、バリアフリーの例と並《なら》べて、ユニバーサルデザインの例を挙げているので、「また」があてはまります。

(4)——⑤をふくむ段落の最後の一文に「これでは、……分からない」と音声案内がないと分からないことが述べられています。

(5)バリアフリーやユニバーサルデザインといわれるものには、不備、不十分なところのあるものが多く、車椅子の利用者や高齢者に対応していても、それ以外のことで困っている人にとっては中途半端であると筆者は感じているのです。

(6)もともとバリアフリーやユニバーサルデザインがどういう「発想」で作られるようになったのかを読み取ります。「本来」という言葉に着目しましょう。

(7)バリアフリーやユニバーサルデザインといわれている設備や商品が不十分なものであるという実情を、視覚障害者である筆者が伝えています。

チェックポイント　外来語

他の国から入ってきて、使われるようになった言葉を外来語といい、多くはカタカナで書かれています。

● 19日　38・39ページ

❶ (1)(例)戦争のための勤労奉仕や徴用動員で働いていたから。

(2)戦争中

(3)①自分の興味〜てくること

②(あ)世の中の動き(時代のすがた)

(い)予想　(う)衝撃

(4)エ

考え方

❶ (1)高等工業の学生の頃にしていた勤労奉仕と大学生の頃にしていた徴用動員は戦争のためにしていたことだったからです。

(2)勤労奉仕や徴用動員がある社会とは戦争をしている社会です。

(3)①「社会との関わり」と対照的な内容を探《さが》します。自分のことだけを考えていたのです。

②世の中の動きをつかんでいれば、こんなにも衝撃を受けることはなかったと後悔《こうかい》しているため、「失敗」と表現しているのです。

(4)間違っていてもいいので、とにかく自分の頭で考えておくことが大切だと筆者は考えています。ウは、自分の考えが時代の流れと合っていなくても自分で考えればいいという筆者の意見と合っていません。

チェックポイント　随筆《ずいひつ》の読み取り

随筆では、書かれている体験などから筆者がどう感じて、何を考えたのかを中心に読み取ります。

● 20日　40・41ページ

1 (1)小学校では〜げられる。

(2)科学については無知同然である(人。)

(3)(あ)理系の知識　(い)文系の知識

(4)エ

(5)(あ)専門

(い)いかにも何でも知っているかのように振る舞う

(6)ウ

(7)イ

考え方

1 (1)最初の段落《だんらく》に、若者の理科離れがなぜ進んでいるのか、筆者の考える理由が述べられています。

(2)ここでは、科学の「素人」、つまり、科学について無知である人のことを言っています。

(3)「シェイクスピア」は文系の知識の、「熱力学の法則」は理系の知識の代表として挙げられています。

(4)スノーが文系と理系の亀裂について論じたという内容のあとに、教育体系における理系文化の位置づけについても論じたという内容がつけ加えられているので、並立《へいりつ》・累加《るいか》の接続語「そして」があてはまります。

(5)オルテガ・イ・ガゼットは、科学がさかんになるためと言って、みんなを従《したが》わせ、王様のようになっていく科学者を責めています。

(6)日暮れという期限がきているのに、まだ道は遠い、つまり「目標が達成できていない」ということです。
(7)社会で文系人間の方が優遇されるため、理系に進む若者が少なくなったと筆者は述べています。

●21日 42・43ページ

1 (1)ウ
(2)②エ ③イ ⑤オ ⑥ア
(3)あ問題意識 い好み
(4)⑦ア ⑨ウ
(5)(例)作者が断片的に書いた物語の隙間を、読者が自分の好きなように想像し、補うことで、文学は文学として成立しているということ。
(6)イ
(7)ウ

考え方

1 (1)夏目漱石の作品はほかに、「吾輩《わがはい》は猫《ねこ》である」「草枕《くさまくら》」「こころ」などがあります。
(2)③は、「『なぜ？』と問うたとしよう」を「『原因は何か？』と問うたとしよう」と言いかえているので、説明の接続語「つまり」があてはまります。
(3)漱石は、好みによって「原因」は変わると考えていたことをわかりやすく説明するために、原因は一つに決められないと考えていた黒崎弘の言葉を引用しています。
(4)⑦「『原因』として何を挙げるか」は「係わる人間の問題意識に依存する」、すなわち「主観的」なので、「客観的に決まっている訳ではない」と述べています。
⑨文学は「隙間を読者の『好み』によって埋める娯楽」なので、科学のように一つに決まっているものではない、つまり「多義的」でよいものなのだと述べています。
(5)物語の隙間とは、作者が書いていない事柄《ことがら》のことです。物語に書かれていない部分を自分で想像し、補っていくことで、文学は完成するのです。
(6)「綾」とは、一般《いっぱん》に物の表面にあらわれた模《も》様《よう》のことです。また、文章表現における言い回しを意味することもあります。
(7)言葉をつくさないで読者の想像力をふくらますような余地があったほうが伝わることもあり、筆者は「不思議なものだ」と感じています。

チェックポイント　接続語の働き
「だから」「しかし」「また」など、よく使われる接続語が前後の内容をどうつなげるか、しっかり覚えておきます。

●22日 44・45ページ

1 (1)花(例)昆虫に花粉を運ばせて自分の子孫を残そうとすること。
昆虫(例)植物の蜜を吸おうとすること。
(2)あせめぎあい い人間
(3)エ
(4)イ・ウ
(5)ア

考え方

1 (1)花は昆虫のことを考えて蜜をつくるのではなく、自分の花粉を運ばせたいだけ、昆虫はとにかく花の蜜が吸えればいい、というおたがいに利己的な理由でせめぎあい、今日の共生関係ができあがったのです。
(2)花と昆虫の例のようなせめぎあいがなく、人間が圧倒《あっとう》的な力で自然の論理《ろんり》をつぶしており、本当の「共生」とは言えないと筆者は考えています。
(3)直後の一文に、「きわめて漠然としたことばである」とあり、つまり「明確に定義できない」ものだとわかります。
(4)——④と〰〰ア・エは自然環境のこと、〰〰イ・ウは自分を取りまくものを指した「環境」のことです。
(5)筆者は、せめぎあいの結果として、できあがった状態が「共生」だと考えています。

チェックポイント　論説《ろんせつ》文の用語
論説文では、ふだんの生活では使わない難《むずか》しい言葉が使われます。それぞれの意味をおさえておきます。

● 23日 46・47ページ

1 (1)タネが「場所」と「季節」を選んで発芽する(という工夫。)
(2)b
(3)ウ
(4)(例)光合成ができず、自分で栄養分をつくり出せないため、やがて枯れる。
(5)ウ

考え方

1 (1)光合成ができるようにタネが「場所」と「季節」を選んで発芽するという工夫をしているので、枯死しないですむのです。
(2)あてはめる文は、「しかし」という逆接の接続語で始まっているので、入れる場所の直前の内容は、あてはめる文と食いちがう内容であるとわかります。(b)の直前は、暖かくなって発芽したとの印象を受けるという内容で、あてはめる文の暖かくなれば(発芽が)おこるというわけではないという内容と食いちがいます。
(3)直前の「多種多様な雑草が芽を出してきます」を受けて、直後の「……印象を受けます」という結果につながっているので、順接の接続語である「だから」が適切です。
(4)植物は光を用いて栄養分をつくり出していることから考えます。
(5)発芽後の芽生えは、しばらくの間はタネに貯蔵されていた養分を使って成長できる、とあります。ここから、ウの内容が適切であるとわかります。アは、植物は光合成をしてブドウ糖やデンプンなどのエネルギーをつくり出している、イは、「発芽の三条件」がそろっているだけでは簡単には発芽しない、エは、光合成には光が必要で、どんな環境でも光合成できるわけではないと本文に書かれているので、それぞれ適切ではありません。

チェックポイント 脱《だつ》文《ぶん》補《ほ》充《じゅう》
取り出した文がどこに入るかは、指示語や接続語、キーワードなどを手がかりに探《さが》します。

● 24日 48・49ページ

1 (1)①イ ②エ ⑥ウ
(2)阻害語
(3)場の雰囲気
(4)エ
(5)①他者との関~なじませる
②コミュニケーション能力
(6)エ

考え方

1 (1)⑥「ムカツク」「うざい」などの主観的な心情を簡単には表現できない雰囲気があったという内容を原因とし、すぐに言葉にはしないでグッとこらえることで、耐性ができたという結果があとに続いているので、順接の接続語「だから」があてはまります。
(2)「阻害語」としての意味を持つ「むかつく」を、カタカナで示しています。
(3)そのような言葉を使うことを許すような「場の雰囲気」がなかった、とあります。つまり、みんなが「むかつく」などの言葉は簡単に使ってはいけない、根拠がなければ使ってはだめだと考え、口に出さなくてもそれはみんなが了承していたということです。そのような様子を、あとにあるように「暗黙の了解」といいます。
(4)「拒絶」は、対象を否定して受け入れないことです。その反対ですから、受け入れるという意味の「受容」が適切です。
(5)①「耐性」とは、ここでは耐えて適応する性質のことです。腹が立ってもすぐにその感情を相手にぶつけず耐えることで、腹が立った原因である相手の異質性を、自分の中になじませることができるようになるのです。
②①のような力をつけることを放棄してしまうことで、相手の異質性を受け入れた形での親密性を作っていくことはできなくなり、これではコミュニケーション能力を高めることはできないと書かれています。

(6)阻害語について説明した第三段落《だんらく》に、「自分にとって……遮断してしまう言葉です」とあります。

チェックポイント　同じ内容の言葉

説明文では、筆者の言いたいことを読者に伝えるために、表現を変えて同じことを何度も説明することがあります。整理しながら読むようにします。

● 25日　50・51ページ

1 (1)エ
(2)①誰かが特許を取ってしまう(こと。)
②(例)技術が広く普及しないから。
(3)ウ
(4)ウ
(5)㋐誰にでも再現できること
㋑独り占め
(6)(例)公開してみんなで共有し、社会の利益を常に優先する

考え方

1 (1)エ以外は「ぬ」と言いかえられます。エは言いかえられず、「ある」の反対の意味の言葉なので用法がちがいます。
(2)①直前の内容を指しています。
②——①より前に「特許が取られていたため、技術が広く普及しなかった」とあり、筆者は、広く普及させることが科学の基本姿勢と考えていることがわかります。このため、自分をふくめて誰にも特許を取ってほしくなかったのです。
(3)この段落《だんらく》には「鉄道模型の雑誌」に作り方を発表したことが書かれています。
(4)ウは「指揮《しき》をとる人が多いと、うまくいかない」という意味です。
(5)科学的にその正しさを証明するには、発見・発明した人だけでなく、誰でもそれを再現できることを確かめなくてはいけないのです。
(6)「科学の基本」「科学の基本姿勢」などの言葉に着目しましょう。自分が研究し、発見・発明したことを独占せず、公開して共有し、常に社会の利益を優先することが、科学の基本だと筆者は述べています。

チェックポイント　ことわざ・故事成語

ことわざや故事成語は、短い言葉でどのようなことを言いたいのかが伝わります。知っていると読解に役立つので覚えておきます。

● 26日　52・53ページ

1 (1)五(連)
(2)エ
(3)エ
(4)①自己主張
②エ
(5)①イ・オ
②イ
(6)ア
(7)枝の繁茂し～を払い落す
(8)ウ

考え方

1 (1)詩のひとまとまりを「連」といいます。
(2)話し言葉で書かれ、文字数なども決まっていないので、口語自由詩です。
(3)「樹の自己主張が枝を張り出すように」とあることから考えましょう。樹は意識や自覚をせずに枝を張り出しているのです。
(4)①人(自我)を一本の樹にたとえ、自己主張する様子を、枝が張り出すと表現しています。
②樹も、となりの樹との距離が近ければ、互いに張り出した枝が深く交差してしまいます。人も同じで、関係や気持ちの距離が近いほど、互いの自己主張が食いちがったりぶつかったりしてしまうのです。
(5)①人を「生きるために歩き回る樹」だと、「ようだ」「みたいだ」などの語をともなわずにたとえているので、隠喩です。また、「樹」という体言(名詞《めいし》)で終わっているので、体言止めも用いられています。
②前の連に「身近な者同士」でも「許し合えぬことが多い」と書かれていることを受けて考えます。
(6)「刃をまじえる」とは、刃でたたかうという

ことです。刃で切りつければ枝が折れてしまうので、互いの自己主張がぶつかり、相手の主張をたおして、自分の主張を通そうとしている様子を表していると考えられます。
(7)第四連に、作者が聞いた庭師の話が書かれています。
(8)山野の樹が生《お》いしげりすぎた枝を自分で払い落とす様子から、人はどうなのかと考えています。「剪定鋏を……刈りこんだ」とは、自己主張を自分自身で整理するということをたとえています。自己主張の枝が生いしげりすぎて自我という樹本体の部分が暗くなってしまっているのですが、まだ整理していないと表現しているのです。

チェックポイント　文語
文語は昔の言葉という意味ですが、かなづかいだけが歴史的かなづかいで、文法が現代と同じものは口語になります。

● 27日　54・55ページ

1
(1)ウ
(2)エ
(3)①へび
②イ
(4)(例)体が短くてとぐろを何重にも巻けない
(5)エ
(6)暖ったかいのだもの
散歩は　したいよ
(7)ぷらぷら
(8)ウ

考え方

1 (1)「燃え残りの蚊取り線香のように」の部分には直喩、「ピャッと飛びあがり」の「ピャッと」は擬態語、「もういちど　でかけた／誰もいないところまで」は、本来の順序が入れかわっているので、倒置法を用いていることがわかります。
(2)アは「朱《しゅ》に交われば赤くなる」、イは「たで食う虫も好き好き」、ウは「光陰《こういん》矢のごとし」ということわざの意味です。
(3)①ちびへびの仲間なので、ほかのへびのことだと考えられます。
②「忍ぶ」とは、「こらえる。がまんする」という意味です。
(4)ふつうの「蚊取り線香」ではなく、「燃え残り」というところに注目しましょう。何重にも巻《ま》かれたものではなく、短くなった様子なのです。
(5)小鳥ににげられ、いたちにすごまれ、仲間には笑われて、にげるように帰ってきて一人でねむっているので、とてもさびしい気持ちだったと考えられます。
(6)［　］のあとの連で、ちびへびはもう一度でかけているので、楽しくはなかったけれどやっぱり散歩には行きたいと思ったのだと考えられます。第一連のはじめの二行がくり返されており、この技法を反復法といいます。
(7)一度でかけていやな思いをしたため、でかけるけれど誰にも「こんちわ」といわずに、「ぷらぷら」もしないで、「誰もいないところまで」行こうとしています。
(8)外の世界に出て、つらい目にあったけれど、それでもやっぱり散歩にでかけているので、外の世界に対するあこがれはあるということが読み取れます。

チェックポイント　表現技法
詩にはいろいろな表現技法が用いられます。直喩や隠喩《いんゆ》、擬人法、擬声語・擬態語、倒置法、反復法、対句《ついく》など、それぞれどのような技法か、しっかり覚えます。

● 28日　56・57ページ

1
(1)Aウ　Cア
(2)Bエ　Eイ
(3)D
(4)A

2
(1)ア
(2)イ・エ
(3)エ
(4)名月
(5)C

(6)①A
②D

考え方

1 (1)Aは「常春」という体言(名詞《めいし》)で終わっているので体言止め、Cは少年の指を「文明の部品のやう」とたとえているので、比喩法です。

(2)Bは、「思ひ出」「夕日」「ひとりごと」といった言葉から、温かさとさびしさが読み取れます。Eは、手ぶくろをとるといういつもの動作をしたとき、ふと何かを思い出したという様子がよまれています。

(3)「いきほひよ」の「よ」に、作者の感動が表れています。アメンボが流れをさかのぼっていく姿《すがた》に感動していることを読み取りましょう。

(4)Aの子どもたちが遊ぶ様子には、さびしげなところもどんよりしたところもなく、ずっと日があたって明るい常春のようだとよんでいます。

2 (1)「や」「かな」「けり」などの切れ字がある場合は、そこで句切れます。

(2)「さらさら」が竹の音を表す擬声語です。

(3)エは小林一茶《こばやしいっさ》の俳句です。

(4)秋にお月見(中秋の名月)があるため、名月は秋の季語です。

(5)「青葉」「若葉」は夏の季語です。

(6)①A「竹馬」とは、「竹馬の友」とあるように、竹馬で遊んだ幼《おさな》いころの友人を指しています。②Dお月見のときに、月の光によって松の影が家の中にまで伸《の》びてきたという情景を読み取りましょう。

チェックポイント　季語

旧暦では一月～三月が春であるため、お正月に関わる語が春の季語になります。主な季語は覚えておくようにします。

● 29日 58・59ページ

1 (1)誰
(2)エ
(3)四(句切れ)
(4)なほ盛りあがる

2 (1)重き
(2)ア
(3)秋
(4)イ
(5)たぢたぢ

考え方

1 (1)「誰にともなしに」の部分を説明しています。

(2)誰も見ていないのに、一人でそんなことをしている姿《すがた》には、「おかしみ」があります。

(3)「や」という感動を表す言葉があるので、四句で切れているとわかります。

(4)くずれても、またすぐ盛りあがってくるので、いつまでも夢中で見てしまうことが読み取れます。

2 (1)かざりがたくさんついているので、羽子板が重くなっているのです。

(2)使うのがもったいないほど、立派な羽子板をもらったことがうれしくて、大事にしようと思っていることがわかります。

(3)バッタは秋の季語です。

(4)「小さなバッタ」ですが、「力満ちゆき」という表現から、「大きな命の力」を感じていることがわかります。

(5)「たぢたぢ」は、相手の力におされてしりごみする様子を表します。大きく、さわれば消えてしまう露をおそれるありを作者はおもしろく感じているのです。

チェックポイント　切れ字

切れ字には「や・かな・けり・よ・ぞ」などがあり、そこが感動の中心であることを表します。

● 30日 60・61ページ

1 (1)エ
(2)①イ
②あまご
いむすめ
うおばあちゃん

(3)こころにはるかなもの
(4)エ
(5)(すこし)ゆるゆるになった
(6)北
(7)ウ

考え方

❶(1)話し言葉で書かれ、文字数なども決まっていないので、口語自由詩です。
(2)①本来の語順は「われわれのははおやだ」となります。
②「おばあちゃん」と聞くと、作者の祖母のことのように思いますが、弟の子どもから見たら「ははおや」は「おばあちゃん」なので、そう呼んだのです。
(3)はるかという名前にしなくても、「こころにはるかなもの」を持つ子に育ってほしいと願っていることから読み取ります。
(4)「ガキのころから／しんぱいばかりかけた」母親への感謝の気持ちで贈《おく》ったものです。
(5)作者から贈られた老眼鏡を、長年使用している「おばあちゃん」の様子を読み取りましょう。
(6)今夜「北へ行く」とあることから考えます。
(7)弟の子どもが、「こころにはるかなもの」を持ちつづけて、健やかに育つようにという願いがこめられた詩です。

チェックポイント　詩の読み取り
詩であっても、読み取るものは他と同じように作者が言いたいことです。作者が詩の表現を通して伝えたいことを読み取ります。

●中学入試模擬テスト　62〜64ページ

❶(1)エ
(2)ウ
(3)ア
(4)(例)現実行動は練習のうえではじめて成り立つものであり、どんな技術もプロセスを絶えず見直して身につけることが大切だから。
(5)⑤エ　⑥イ
(6)ウ

❷(1)ウ
(2)イ・オ
(3)エ

❸(1)(季語)滝
(季節)夏
(2)ウ
(3)イ

考え方

❶(1)「世界は……経験することはできない」という理由に追加して「世界」や「現実」があいまいなものであるという内容を加えているので、「しかも」があてはまります。
(2)森鷗外は、サフランについて知識はあったものの実際に見たことはなく、実際に見ても、そのすべてを知ることはできなかったことから考えます。
(3)「棚上げ」とは、問題を未解決・未処理《しょり》のままにしておく、という意味です。
(4)直後の二つの段落《だんらく》の内容をまとめましょう。
「すべての営みが、まず練習を要求して」いて、それは「絶えず見直し、身につけ直さなければならない」ものなのです。
(5)学校は行動のプロセスを教える場、つまり、練習をする場ということです。
(6)冒頭《ぼうとう》の文章に、これから述べる内容が書かれています。

❷(1)意味は「海に出てみると太古の民のおどろきをわたしは再びくり返すのだ。大空の下で」となり、四句で切れているとわかります。
(2)「大空のもと」と、体言(名詞《めいし》)で終わっているので、体言止めだとわかります。また、「大空のもとふたたびす」というのが本来の順番なので、倒置法も用いられています。
(3)「海」や「大空」といった言葉から、ゆったりとさわやかな感じが伝わります。

❸(1)「滝」は夏の季語です。
(2)「群青世界」とは、青葉の木々にとり囲まれた風景を表しています。
(3)滝の落ちる音が、あたりにひびきわたっている様子を思いうかべましょう。